段取り八分

近江学園木工科における職業準備支援

吉田　巧

はじめに

滋賀県立近江学園は、昭和二一年一一月に設立された児童福祉施設で、知的障害をもつ子どもを入所させ、これを保護し、独立自活に必要な知識技能を与えることを目的としています（児童福祉法第四二条）。木工科は、近江学園で生活する子どもたちの「働き」を支援する部署として、昭和二九年に取り組みをスタートさせ、木を使ったモノづくりをとおして多くの子どもたちを育ててきました。

本書のタイトルでもある「段取り八分」は、仕事をすすめるうえで事前の準備が重要であることをあらわした言葉で、仕事の段取りが万全であれば、その仕事の八割は完了したのも同然という意味をもちます。これは、木工科の職業準備支援の肝となるもので、歴代の木工科主任（以下、主任）は、子どもに対する日々の実践と同じぐらいそのための段取りを大切にしてきました。

木工科の段取りは、記録と、作業内容の検討を中心に、支援方法の検討、支援計画の見直し、物品の準備、協力部署への根回し、木を使ったモノづくりに関する情報の整理を必要に応じて行います。この段取りをもとに実践を行い、実践をふまえて段取りするのが、木工科における職業準備支援の基本的な流れになります。

私は、平成一三年六月から近江学園で知的障害をもつ人の生活支援をはじめ、その後、木工科副主任、職業能力開発校の指導員をへて、平成二〇年から五年間、木工科の主任をさせていただきました。本書は、平成二〇年から平成二四年の木工科における職業準備支援を通して感じたこと、考えたことをまとめたものです。知的障害をもつ人の就労を支援されている方だけでなく、職業訓練、職業教育、また、働く人を育てる立場にある方の参考になれば幸いです。

目次

第一章　近江学園について

一　近江学園の概要

表１　近江学園の概要　　　平成27年（2015）現在

施設の名称	滋賀県立近江学園
施設の種類	児童福祉施設（福祉型障害児入所施設）
定員	100名
設立	昭和21年（1946）11月
運営者	滋賀県
住所	滋賀県湖南市東寺四丁目１番１号
設備	生活棟　平屋　4 ２階建て　1 管理棟　２階建て　1 調理場　1 洗濯場　1 作業棟　平屋　5 プール　1 多目的ホール　1
事業内容	施設入所事業 児童短期入所事業

（一）歴史

近江学園は、糸賀一雄先生、池田太郎先生、田村一二先生らによって、昭和二一年一一月に滋賀県大津市南郷に設立され、昭和二三年四月、児童福祉法の施行に伴い、県立の児童福祉施設になりました。設立してしばらくは、戦争によって親をなくした子どもと、知的障害をもつ子どもの生活施設としてその役割を担ってきました。

昭和四一年からは、知的障害児施設としてその役割を担うことになり、昭和四六年一〇月、現在の湖南市（旧石部町）に移転しました。その後、約三〇年が経過し、建物の老朽化がすすんだため、平成一九年から二年かけて改修工事を行いました（平成二七年現在）。

（二）立地

近江学園のある湖南市は、滋賀県南部に位置する人口約五万五千人の都市です。近江学園の東には川が流れ、西にじゅらくの里（自然豊かな公園）、南に阿星山（標高六九三メートル）、北には田園風景が広がり、その四方は豊かな自然に囲まれています。なお、最寄りのＪＲ石部駅までは、徒歩とバスで約二〇分です。

（三）　設備

近江学園には生活を支援するための設備として、入所児童の性別、年齢、障害程度に応じた六つの生活棟があります。それぞれの生活棟には、居室、食堂、浴室、洗面所、トイレがあり、定員一〇〇名に対応しています。ここには、指導グループの職員（児童指導員、保育士、職業指導員、介助員）が配置され、子どもたちの生活を支援しています。

子どもたちの生活を間接的に支援する管理棟には、事務的な仕事をする庶務と、医局があります。近江学園の医局には、嘱託の医師（小児科、精神科）と正規の看護師が配置され、病院法による診療所の業務を行っています。また、子どもの食事を支える調理場には、栄養士、調理師が配置され、子どもの食育に関する支援をしています。

（四）　事業内容

近江学園の施設入所事業は、滋賀県内に住む知的障害をもつ一八歳までの子どもが対象となります。近江学園で生活する子どもたちがもつ背景はさまざまです。「さぁ近江学園で頑張るぞ」と思って入園してくる子どもがいれば、周りの大人にいわれて仕方なく入園してくる子どももいます。そんな子どもたちの生活を、指導グループの職員だけでなく、庶務、医局、お炊事など近江学園のスタッフが一丸となって支援をしています。

児童短期入所事業は、滋賀県内に住む知的障害をもつ一八歳までの子どもを対象に、近江学園での生活を短期間支援するもので、保護者の冠婚葬祭、就労、日ごろの介護疲れをとることなどを目的としています。受け入れ期間は、連続七日以内としていますが、やむをえない場合（たとえば、保護者の入院など）は、必要最低限の範囲で延長することができます。

二　近江学園での生活

近江学園の日課は、表2のとおりです。これを近江学園の関係者の視点で紹介します。

表2　近江学園の日課

時間	日課
6：30	起床、朝食準備
7：00	朝食
7：30	片付け、歯磨き、掃除
	それぞれの場所で活動する。 ・　近江学園内の作業科 ・　普通学校の特別支援学級 ・　特別支援学校 それぞれの場所から生活棟に帰る。
16：00	余暇時間
17：30	夕食
18：30	入浴、余暇時間
20：30	消灯

（一）　六時三〇分　～　起床、朝食準備（園生の視点）

「ピピピっ……。ピピピっ……」「カチッ」。

僕は、目覚まし時計のアラームを止めた。時計を見ると、六時三〇分。洗面所で顔を洗い、身支度をして廊下にでると、宿直明けの先生と出会った。先生の「おはよう」に、「おはようございます」と挨拶を返す。先生は、一人一人の部屋をまわって、順番に子どもを起こしている。僕は、食堂に向かう。

しばらく食堂で待っていると、食事当番が食器と食缶を持って帰ってきた。これから、食事当番が中心となって配膳していく。食缶をあけると、味噌汁のいいにおいがする。

（二）　七時〇〇分　～　朝食（園生の視点）

今日の朝食は、ご飯、味噌汁、納豆、キャベツ炒めだ。納豆は苦手だったけど、学園にきてから食べるようになった。納豆を残飯バケツに入れようとしている後輩Aに、先生が、「Aくん。あかんで。頑張って、半分食べよう」と声をかけた。そういえば、昔の僕もAのように、苦手な納豆を先生が見ていない隙をねらって、残飯バケツに入れていた。

（三）　七時三〇分　～　片付け、歯磨き、掃除（園生の視点）

食事が終わると、みんなで協力して後片付けをする。みんなそろって「ごちそうさま」の後は、歯を磨いたり、トイレにいったり。また、学校に行く準備、当番活動と盛りだくさんだ。

隣の部屋で「だから、掃除したって。先生、僕を信じてよ」「こんなに散らかって、ゴミだらけなのに、どう信じたらいいのよ」と大きな声のやり取りが聞こえる。どうも、後輩Bと先生のようだ。部屋掃除をした、していないでもめているようだ。そろそろテレビで今日の占いがはじまる。これを見たら学校に行こう。

（四）　八時三〇分　～　職員朝礼（園長の視点）

この四月に園長として近江学園に赴任して数ヶ月が過ぎた。近江学園は、昭和二一年に設立された知的障害をもつ子どもたちの生活を支援する施設だ。設立に関わった一人が、初代園長の糸賀一雄先生。高い理想を掲げ、情熱をもって子どもたちを支援された糸賀園長と同じ役職であることに重い責任を感じる。特に、朝の静かな園長室に一人でいると、なにやら身のひきしまる思いがする。

「コンコン」。園長室のドアをノックする音がする。「どうぞ」と言うと、「おはようございます」と言って指導員が入ってきた。いつも元気な指導員だが、今日は元気がない。「おはよう。昨日はどうやった（子どもは落ち着いていたか）？」と聞くと、「Aさんの調子があまりよくなかったので、遅くまで見守っていました。少し寝不足です」と言い、小さなあくびをしている。「それはご苦労さんやったな」と声をかける。

近江学園の職員朝礼は、平日朝八時三〇分より園長室でおこなっている。ただ、私たちの仕事の性質（交代制勤務）上、全職員が出席することは難しく、各部署から職員が交代で出席し、その内容は紙面で伝達することとしている。

子どもに直接関わるのは指導グループで、障害の程度、性別、年齢に応じて、六つの生活班（部署）がある。指導グループの職員は、いずれかの生活班に所属し、子どものケアを基本の仕事としながら、自立支援、日中支援、地域支援、研修研究の仕事を兼務している。

子どもの成長を間接的に支援するのは庶務グループで、医局、炊事、庶務の三つの部署がある。医局は、正規の看護師、嘱託の医師（小児科、精神科）により、子どもの成長を医療面から支援している。また、指導員、保育士に対して、医療的な知識を伝え、職員の支援力向上の役割もあわせて担っている。

炊事は、栄養士と調理師により、子どもたちの食育に関する支援をしている。近江学園では、設立のころから子どもたちの生活の中心となるのは、「食」だと考え支援している。炊事の職員は、そのことに誇りとやりがいをもちながら、毎日、子どもたちの食事をつくってくれている。

庶務は、施設の維持管理に関すること、利用料の請求、予算の執行等を行い、子どもたちの生活を裏方で支えている。庶務グループの職員は、直接子どもと接する機会は少ないけれども、指導グループの職員とのやりとりをとおして、子どものことをとてもよく知ってくれている。

各部署からの報告が終わった。不安定な児童が一名、体調不良の児童が一名ということだった。注意深く見守る必要がありそうだ。

（五）九時〇〇分 〜 生活の仕事（児童指導員の視点）

「いってらっしゃい」

学校や作業に行く子どもたちを送り出した後の生活棟はとても静かだ。私たちの仕事は、子どもと生活を共にすることだが、こうして子どもを送り出した後は、生活する場所を整える仕事がまっている。近江学園では子どもと生活を共にすることを「児童ケア」、子どもの生活環境を整えることを「生活の仕事」とよんでいる。

生活の仕事は、掃除からはじまる。食堂、トイレ、風呂、洗面所、居室と、さすがに一八人（生活四班棟の定員）の子どもが生活する場所だけあって、その範囲も広い。掃除が終わっても、残飯処理、洗濯物の仕分け、学校で使う物品の準備、おやつの準備などは日常的に存在する。また、棟内整理、除草作業、修繕作業、自転車のパンク修理など必要に応じてやらなければいけないことも多い。

生活の仕事は、抜けがあるとたちまち子どもたちの生活の質が下がる。指導グループの職員にとって、これは児童ケアと同じぐらい大切な仕事だといえるのだ。

(六)　一三時〇〇分　～　定例会議（児童指導員の視点）

近江学園は、児童福祉法により一八歳までと決まっているため、それまでに次の生活場所を確保しなければならない。それを地域の関係機関と連携しながら支援するのが、自立支援室になる。

一三時からの定例会議では、スタッフがそれぞれもっている情報の共有と、進路展開の打ち合わせが行われる。今日は自立支援室の主任から、「先生、担当の子どもの進路にどう?」と成人施設についての情報提供があった。私の担当ケースは、二年後に卒園を控えているが、家庭の事情により家に帰ることはできない。情報提供のあった施設は、そんな彼のひとつ有力な進路先候補になる。まずは、本人や保護者に情報を提供して、その思いを確認してみよう。

(七) 一五時〇〇分 〜 子どもの受け止め、児童ケア(保育士の視点)

おやつの準備をすませ、時計をみると一五時前になっていた。そろそろ学校から子どもたちが帰ってくる。

「ただいま」と特別支援学校に通学している子どもたちが帰ってきた。子どもたちはカバンから給食セット、体操服をだして、明日のものと入れ替え、おやつを食べる。私たちはそれを支援しながら、子どもの健康状態を把握する。状態が良いときは、表情がよく、学校であったこと、これからのことなどを朗らかに話してくれる。逆に、状態が悪いときは、不機嫌だったり、言葉づかいが乱暴だったり、表情が険しかったりする。このときは、子どもが何をどう感じて不安定になっているのか、その言動から推測して、個別に対応していく。

木工科の子どもたちも帰ってきて、子どもどうしで何をして遊ぶか話をしている。どうやらみんなで野球をすることになったらしい。運動が好きな子どもたちは、木工科から戻ってきた吉田先生といっしょにグランドにでかけていった。生活棟に戻ってきて、すべきこと（明日の準備、宿題）を終えたら、子どもたちは余暇時間になる。

（八）一六時〇〇分 ～ 余暇時間（私の視点）

木工科の支援を終えて生活班に戻ると、バットとボールをもった子どもたちが待ち構えていた。「先生、野球しよう」と誘われる。本音は、児童ケアと称して、おとなしめの子どもたちとホールでテレビでも見たいところだが、そういうわけにもいかず、子どもたちとグラウンドに行くことになる。

グラウンドにでると、リーダー格の子どもの仕切りで野球がはじまる。年度のはじめは、それぞれが自分のやりたいことばかり主張して遊びが成立しなかったが、最近はなんとなくさまになってきた。

参加する子どもの数は五人ぐらいなので、野球といってもできることは限られてくる。私は、キャッチャー兼審判を務め、子どもたちは、ピッチャー、バッター、守備を順番にまわしていく。

児童ケアの仕事とはいえ、キャッチャーばかりやっているとつまらないもので、そのことを主張すると、私も打席に立てることになった。職員が打席に立ったことで、俄然張り切るA君の全力投球を子ども相手に手加減できない私がとらえる。

「カキーン」

ボールは、外野を守る子どもたちの頭をこえ、竹やぶに吸い込まれていった。全員でボール探しとなってしまったが、そんな私の大人気ない一打に、「子ども相手に本気になって、困ったものだ」とぼやいたりする子どもはいない。

唯一、ピッチャーをつとめたA君はくやしがっていた。そのくやしさが、子どもの意欲につながることも多い。やはり、子ども相手に本気になることは必要だと思う。

（九）一七時三〇分 ～ 夕食（園生の視点）

先生が「さぁ食事の準備をしますよ。当番さん、お願いします」と声をかけている。

僕は話しをすることができないけれども、これから何が行われるのか経験をとおして知っている。当番の子どもたちが、先生と協力しながら夕食の準備をはじめる。

今日の晩御飯は、ご飯、スープ、野菜、それと魚だ。学園では主菜が、肉と魚で毎日入れ替わる。僕はお肉よりお魚のほうが好きだから、今日はラッキーデイだ。入園したころは、先生に食べさせてもらっていたけど、今はスプーンを使って自分で食べることができるようになった。食べさせてもらうのは、こぼれないから楽だけど、自分で食べる方がなんかいい。

（一〇） 一八時三〇分 ～ 入浴（児童指導員の視点）

近江学園では、朝と夕方の職員体制は一八人の子どもに対して、職員三人が基本になっている。入浴支援では、職員1が浴室で子どもの洗体支援。職員2が脱衣所で着脱支援。職員3はホールでお風呂からあがった子どもの髪の毛をドライヤーでかわかしながら生活棟全体を把握する。それぞれの持ち場から職員どうしが声をかけあうことで、子どもたちが安心、安全に入浴できるよう支援している。

（一一）　一九時三〇分　～　余暇時間（児童指導員の視点）

入浴支援を終えてホールに戻ると、子どもたちは歌番組を見てくつろいでいた。その輪に入り、子どもたちとのんびりした時間を共有することも、私たちの大切な仕事だ。もちろん、家にいるように完全にくつろいでいるわけではなく、子どもがどこで何をしているのか把握しながらのことになる。

今日は、C君がどこで何をしているかの把握は大切だ。彼は、学校から帰ってきてから表情が悪く、職員の声かけに対する反応もよくなかった。なにか葛藤を抱えているようだ。こんなときの彼は不安定で、それが他児への暴言や暴力となってあらわれることも多い。彼は、自分の部屋でテレビをみている。タイミングをみはからって面談に誘ってみよう。

（一二）　二〇時三〇分　～　消灯、就寝（保育士の視点）

ホールでテレビを見ている子どもたちに、消灯時間であることを伝え、電気、ガス、戸締りを確認する。洗面所では、子どもが二人、歯磨きをしていた。「歯磨きが終わったら電気を消しといてや」と声をかけ、職員室に入る。

二〇時三〇分からは、宿直職員が一名、職員室に残り、他の二名の遅出職員は勤務が終わる。といっても、事務仕事や、担当の子どもとの個別面談があったりして、すぐに帰ることはできない。また、消灯してからも子どもは、何か理由を見つけては、職員室にやってくる。みんな、大人に見てもらい、話を聞いて欲しいのだ。そんな要求にこたえていると、二三時が過ぎた。

子どもの居室の安全確認をしていく。調子の悪かったC君は、寝ていた。消灯後、担当の指導員と話をして、少し気持ちが楽になったらしい。たまっている事務仕事をやっていると、〇時三〇分が過ぎた。そろそろ寝て、明日に備えよう。

第二章　木工科について

一　生産することをとおして子どもを育てる場所

木工科は、近江学園で生活する子どもたちの働く場所として、昭和二九年にその活動をスタートさせました。当時の近江学園には、木工科と同じ役割をもつ場所として、窯業科、農芸科、畜産科などがあり、これらをあわせて生産部とよんでいました（職業指導部、産業教育部とよんでいたこともありました）。近江学園年報第12号（生産教育特集）6ページには、生産部の役割として、「生産活動をとおして、社会にでて働くもとになる教育をし、あわせて、生産をもって収益をあげ、独立自営を果たす」とあります。木工科をはじめとする生産部は、戦後の混沌とした社会情勢において、子どもを育てるという未来を豊かにする営みと、あわせて、今の生活を豊かにする営みの両方に取り組むことを目指したのです。

当時の木工科は、戦後間もないころの日本の状況と同じく、「大工道具に満足できるものは、何ひとつなく、材料にする板類は堅木で製品に使用できる板は一枚もないという有様だった*1」のとおり、何もないところからはじまりました。しかし、木工科の設立に携わった松田松市先生は、子どもたちと力をあわせながら、その活動を少しずつ軌道にのせていきます。

「昭和三一年製材所が諸般の都合で閉鎖しなければならぬという事態が生じ、その建物はそっくり木工科にいただくことができたのであった。この建物は三十坪あり、早速木工科全員で改築にかかり、どうにか木工作業場としての体裁をととのえたのであった。二年数ヶ月にしてようやく大望がかなえられた喜びは大きかった[*2]」

こうして、活動が軌道にのった木工科は、戦争によって親を失った子どもが中心となって、園内備品、婚礼家具、県庁からの注文に対応し、当時で八〇万円の生産をあげます。また、このことをとおして子どもたちは成長し、社会に巣立っていきます。昭和三二年から三四年の木工科は、近江学園の設立の趣意書にある「子どもを育てながら、生産収益をあげる」ことを実践した時期だといえるかもしれません。

昭和三五年ごろから、知的障害をもつ子どもの増加、障害の重度化がすすんでいきます。木工科の生産活動は、タンス、テーブル、椅子といった家具から、小物の製作、茶たく、木皿の製作に変わっていきます。そして、道具が使えない、道具を持つことさえできない子どもたちが多くなり、サイコロ通し、玉通し、はめ板、棒立てといった手先や指先の訓練としての作業を行うようになりました。設立から木工科を担当した松田先生は、近江学園に重度の知的障害をもつ子どもが増えてきたことから、木工科の閉鎖も考えられていたようです。

しかし、昭和六三年からはこの状況がかわります。この年から近江学園は、中学校を卒業した中軽度の知的障害をもつ子どもたちに対して、有期限（三年間）で、生活、働きの両面で基本的な力を身につけ、就職することを支援する短期自立促進事業を開始します。これは、平成二七年現在行っている職業準備支援の原型となるもので、ここで、木工科は、再び、就職を目指す子どもを支援することになったのです。松田先生は、再び木工科に情熱をもたれますが、平成二年病に倒れ、残された者が木工科における支援を模索します。*3

平成三年～平成一二年の木工科は、宮城多男由先生が担当し、森からの材を使ってのモノづくりに取り組みます。栗東市の森林組合の協力をえて、間伐材の運び出しを子どももと職員が協力して行い、原材料とする取り組みです。そして、それまでの彫刻刀、ノミなどを使ったモノづくりから、大工道具、工具、機械を駆使した共同作業によるモノづくりへとその生産方法をかえ、間伐材の縁台、スツール、時計などを生産します。

平成一三年～平成一九年の木工科は、石田輝彦先生が担当し、宮城先生のスタイルを引き継ぎつつ、売れ筋の製品をまとまった数量生産することに取り組みます。私は、平成一三年に近江学園に採用され、平成一五年からは木工科の副主任として木工科の運営に携わったのですが、月曜日に仕込んでいた子ども用椅子二〇脚が、週末に組み立てられ、次の週に研磨が行われているのを目の当たりにしてきました。それぞれの工程を担当する子どもたちの誇らしげな表情が今でも印象に残っています。

平成二〇年～二四年の木工科は、私が担当させていただきました。宮城先生の生産スタイルを引き継ぎながら、石田先生のように売れる製品をまとまった数量生産する取り組みを目指しました。また、生産するだけでなく、生産後の管理、販売も木工科の大切な仕事ととらえた取り組みを展開しました。

今までの取り組みを振り返ると、担当によって若干の違いはみられるものの、木工科が生産活動をとおして、社会にでて働くもとになる教育をするところであることはかわっていません。これは、平成二五年から木工科を担当することになった山﨑隆之先生にも引き継がれ、近江学園に就職を目指す子どもがいる限り、その取り組みは、続いていくことだと思います。

＊1　松田松市（1971）昭和三十九年度までの歩み『近江学園年報第12号（生産教育特集）』19ページ

＊2　松田松市（1971）昭和三十九年度までの歩み『近江学園年報第12号（生産教育特集）』19ページ

＊3　宮城多男由（1996）木工科における取り組み『消シテハナラヌ世ノ光―近江学園創立50周年記念誌』121ページ～122ページ

二　社会にでて働くもとになる力

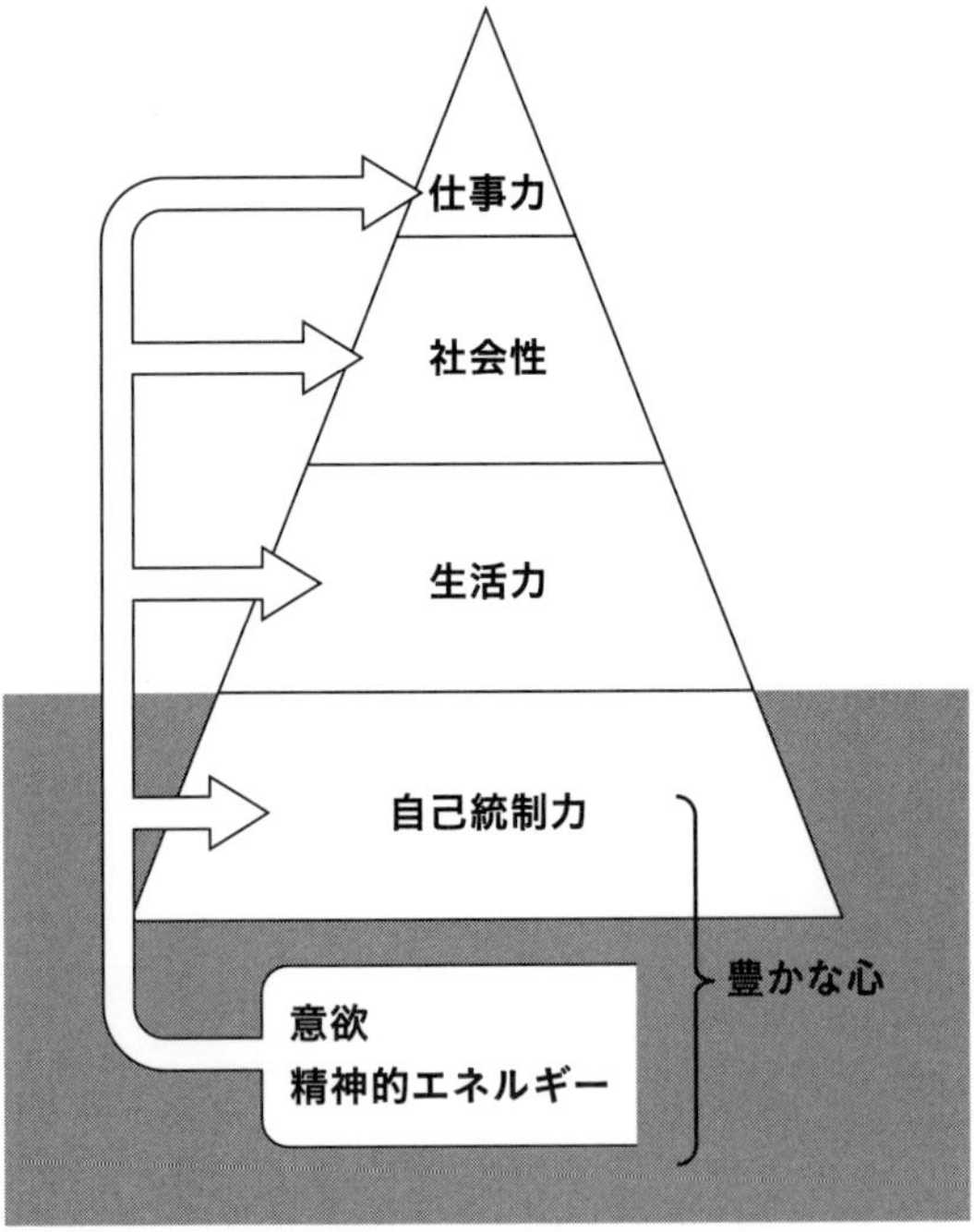

図１　社会にでて働くもとになる力

社会にでて働くもとになる力は、木工科が考える就職するにあたって身につけておきたい力のことで、四つの要素（生活力、社会性、仕事力、豊かな心）により成り立っています。

生活力、社会性、仕事力はピラミッド構造をしており、生活力は、社会性と仕事力の土台となり、社会性は、仕事力の土台となります。これは、生活力が乏しければ健康的な生活をおくることができず、優れた社会性や仕事力をいかすことができないことや、社会性が乏しく他者と上手くやっていくことができなければ、いくら能力が高くても優れた仕事をすることが難しいことを示しています。

生活力、社会性、仕事力のピラミッドをささえるのは豊かな心です。そのうちのひとつが自己統制力で、ピラミッドの基礎になります。これがしっかりしないと、食事が大切なことはわかっているけど、不摂生。誰も見ていなければ、ルールを守らないということがおこります。

豊かな心には、意欲や精神的エネルギーもあり、これらは、生活力、社会性、仕事力、そして、自己統制力を機能させる原動力となります。ガソリンがないと、高性能の車も走らないのと同様、このエネルギーが不足していると、生活力、社会性、仕事力、自己統制力といった能力を発揮することができません。

社会にでて働くもとになる力は、職業準備性ピラミッド[*4]の考え方を参考に、木工科の段取りと実践をとおしてまとめたものです。なお、それぞれの詳細は、第四章以降で説明します。

＊4　独立行政法人 高齢・障害者雇用支援機構（２００９）職業準備性ピラミッド『就業支援ハンドブック』62ページ

表3　木工科における作業工程

設計	子どもの意見を尊重しながら、主任が中心になって製品を設計します。
製材	バンドソー、手押しカンナ、自動カンナを使用して製材し、昇降盤を使用して正確に切断していきます。機械の使用は職員が行い、子どもは材の受け渡し等の補助を行います。
墨つけ	けびき、すこやを使用して墨をつけます。機械加工のための準備で、正確な仕事が必要になります。
機械加工	角のみ盤、糸鋸、トリマー、ベルトサンダー、ボール盤等の木工機械、および、ルーターを使用します。面取り、穴あけ、ホゾ調整を墨どおりに行います。
組立	機械加工済みの部材を、手順どおりに組み立てます。正確性と、臨機応変さが必要になってきます。
研磨	ペーパーを使って、加工、組立が終わった製品の素地を調整していきます。
ニス	最終の仕上げの工程です。多くの人の手が入った製品の仕上げをすることに、責任と誇りを感じながら取り組んで欲しい工程です。

三　木工科におけるモノづくり

木工科のモノづくりは、子どもたちが社会にでて働くもとになる力を育てるための手段です。施設のなかだけで完結するものではなく、社会を見据えた、社会に通用する取り組みでありたいと考えています。

（一）　共同作業

木を使ったモノづくりには、さまざまな工程があります（表3）。木工科におけるモノづくりは、一人の子どもがこのすべての工程を担うのではなく、子どもと職員が、それぞれ役割を担いながらすすめていく共同作業により行っています。

社会にある商品やサービスは、多くの人が有機的につながってできたものばかりです。木工科の共同作業も、そんな実社会のありように通じるものでありたいと考えています。

（二）　売れるものをつくる

子どもたちとの共同作業によるモノづくりでは、いろんなことがおこります。主任の予想よりも子どもが頑張って作業がすすんだということもあれば、あっと驚くような失敗をしてしまって、最初からやりなおしということもあります。

主任は、こうした想定外の出来事（事故や失敗）を防ぐために、子どもや職員の仕事振りを確認し、必要に応じて修正をいれます。それは、木工科のモノづくりは、つくって終わりではなく、最終、販売するという社会とつながった取り組みを目指しているからです。

木工科を設立した松田先生は、「子どもたちがつくったといわなくても買ってもらえるものを目指しなさい」とおっしゃっていたそうです。私たちは、その思いを受け継ぎ、子どもたちとの共同作業によるモノづくりに取り組んできました。これは、社会にでて働くもとになる力を育てるためであり、また、適切な支援があれば、優れた能力を発揮するというこの人たちの可能性を世にアピールするためでもあるのです。

（三）　環境

木工科には、二つの建物（木工科作業棟、資材倉庫）があり、それを三つのエリア（製造エリア、物流エリア、販売エリア）にわけて支援をしています（平成二四年度末現在）。

製造エリアは、木を使ったモノづくりに取り組む機械室、塗装室です。掃除と整理整頓を徹底し、そこで仕事をする人に良い影響を与える、きっちりした雰囲気をもたせることを心がけています。

物流エリアは、資材倉庫内にあるバックヤードで、製造エリアでつくった製品を、ショップに出す前にいったんおさめるところです。味気のないレイアウトながらも、必要なものがすぐにだせる機能重視の空間を心がけています。

販売エリアは、製品を販売するショップです。定期的に掃除を行い、見やすくて選びやすいレイアウトを心がけることで、お客様が満足くださる空間であることを目指しています。

実社会では、モノは作られた後、流通し、販売されます。木工科の三つのエリアは、実社会のありよう（作られる→流通する→販売される）をイメージし、また、それぞれをより社会に近づけていくことを目指して支援をしています。

（四）設備

木工科のモノづくりを支える設備については、以下のとおりです。

・昇降盤、バンドソー、手押しカンナ盤、自動一面カンナ盤、ルーター（木材加工用機械）
・角のみ盤、糸鋸、ボール盤、ベルトサンダー、スピンドルサンダー（木工機械）
・インパクトドライバ、ドリルドライバ、トリマー、ジグソー、電動手ノコ、オービタルサンダー、グラインダー（電動工具）

・ゼットソー、定規、メジャー、スコヤ、ケビキ、スジガキ、ノミ、手カンナ、玄翁、木槌、ドライバー、ペンチ、ラジオペンチ、各種ペーパー、クランプ（道具）

木工科には、昇降盤、バンドソーといった木材加工用機械が五台以上設備されているので、労働安全衛生法の定めにより、木材加工用機械作業主任者の有資格者をおく必要があります。主任は、この資格を取得し、木材加工用機械に関する知識、技能を高め、日々、安全に作業できるように努めています。

（五）　指導者心得

木工科は、その長い歴史のなかで、指導にあたってきた主任の思いを受け継ぎながら、実践と段取りを行ってきました。この受け継がれてきた思いこそ、木工科のモノづくりを支える指導者心得です。先ほどの設備が、木工科のモノづくりにおけるハード面に関するすることだとするならば、指導者心得は、ソフト面に関することだといえるでしょう。

心得1　教えることは見本を示すこと

本書においてたびたび引用している近江学園年報第12号（生産教育特集）は、一九七一年までの生産教育の実践についてまとめたもので、それまでを知る貴重な資料として、木工科作業棟の職員室にあります。そこには、平成三年から平成一二年まで木工科主任をされた宮城先生のメモがあります。

「指導者としての心得「自分に厳しく」。つまり、自分を厳しく律し、つねに子どもたちの規範となる行動を。そもそも職員がひとつひとつのことがきちんとできなければならないのだ。自分のことを棚にあげて子どもたちを注意しない。たとえば服装」

もちろん、子どもの規範となる行動は、服装だけではありません。仕事に入る前には気持ちを切り替えること。仕事中は集中すること。道具を大切に扱うこと。丁寧な物腰で接すること。まじめに仕事することなどについても同じです。たとえば、誠実な人材を育てようと願うのであれば、「松田指導員を中心とした木工科は、同じ場所で地味な成績をあげていた。それはまだ手作りであったが、三名の助手を相手に、こつこつと鋸をひき、鉋をかける松田君の誠実な姿は次第にひとびとの信頼をかち得た[*5]」と誠実さを自分の行動で示すことをこれからも続けていきたいと思っています。

＊5　糸賀一雄（1957）職業指導の方向『近江学園年報第8号』8ページ

心得2　モノづくりにかける心意気

「木の製品は「その木の育った年数だけの使用が可能」といわれる。一〇〇年かけて育った木は一〇〇年使えるものとなりうるわけであるが、そのためにはそれだけの期間使用できるものに仕上げるための技術が必要となる。この点に関して、当時の木工科にそのような技術があったかといえば否である。ただ職員に心意気と思いはあった。お客様に買ってもらうための、お客様に喜んでもらうための、そしてお客様に失礼のない製品とするためのものづくりをするという思いである。一塊の施設の中で作っているものが社会の中で認められるためには、そのような心意気と思いが根底になければならないと、職員はいつもそう思っていた。そしてその思いを子どもたちと共有することが指導の目標であったように思う。ものづくりを通して人づくりをするという生産教育が、真にその目的を達成するためには常に社会という場面を想定して取り組むことが必要であり、具体的な製作目標に向かっての思いを共有することが求められる。糸賀先生の「この子らを世の光に」という言葉を真に実践するということを考えるならば、「この子らが作ったものだから…」ではなく、「この子らが価値あるものを生み出した」という正当な評価のいただけるものをめざさなければならない[*6]」

歴代の主任が抱き続けたこの心意気が、これからの木工科を担当する先生にも受け継がれていくことを願っています。

＊6　宮城多男由（2013）森の材を価値あるものに『つむぐ（近江学園作品集2013）』8ページ

第三章　木工科の実践

一　日課

木工科の日課は、表4のとおりです。ここでは、木工科の日課と、支援のねらいについてご紹介します。

表4　木工科の日課

時間	日課
8：50	始業10分前行動
9：00	朝礼
9：10	1.5km走
9：30	作業打ち合わせ
9：40	午前の作業
12：00	昼食
13：00	午後の作業
15：25	掃除
15：40	作業日誌記入
15：55	終礼
16：00	作業終了

（一）八時五〇分 ～ 始業一〇分前行動

木工科の一日は、主任が子どもたちより一足先に木工科に入ることではじまります。窓を開け、テーブルをふきながら、木工科に「さぁ仕事するぞ」の雰囲気をつくっていると「おはようございます」と挨拶をして、子どもたちがやってきます。主任は、子どもたちの言動を見聞きしながら、彼らの気持ちが仕事モードになっているかを確認します。

ズボンからシャツがでている、寝癖、無精ヒゲ、口のまわりにケチャップがついている。挨拶の声が小さい、ポケットに手を突っ込んだままの挨拶。表情が険しい、表情が悪い。こうした場合は、気持ちの切り替えも不十分といえます。

子どもたちは木工科に入ると、自分の持ち場を掃除することになっていますが、気持ちの切り替えが不十分な子どもはそれができません。いつまでも談笑しているか、ほうきでチャンバラごっこをしていて、それが発展して喧嘩になることもあります。

主任は子どもたちに、「気持ちを切り替えよう」「身だしなみを整えよう」「顔を引き締めよう」「ポケットから手を出しましょう」「大きな声で挨拶しましょう」と職場における望ましい行動を具体的に伝えながら、子どもたちの気持ちが仕事モードになるよう働きかけます。こうしたかかわりを続けているうちに、子どもたちは「おはようございます」としっかり挨拶した後は、ほうきをもって掃除をする者、木工機械を油拭きする者、テーブルを拭く者にわかれて、それぞれの役割を果たすようになります。こうなると、新しい一年生が木工科にやってくる春は、すぐそこまでやってきているのです。

（二）　九時〇〇分　～　朝礼

朝礼は、当番の子どもが進行し、みんなで予定の確認、発声訓練、ラジオ体操を行う取り組みです。主任は、朝礼が正しく進行されていることを見守りながら、あらたまった場面における立ち姿勢について支援をしています。

ここでいう立ち姿勢は、背筋を伸ばして、手を正しい位置に添えることをいいます。あらたまった場面で用いられることが多いため、それと意識せずにできるようになることを目指して支援をしています。

ビジネスマナーによると、立ち姿勢の手の位置は、「肘を伸ばして、腿の外側につける」（いわゆる「気をつけ」の姿勢）と、「手を前でそろえる」の二通りがあるとされています。

私が主任になったころは「肘を伸ばして、腿の外側につける」ように支援していましたが、朝礼では出来ていても、実習先や事業所見学などの場面では手を後ろであわせることが多く、なかなか定着しませんでした。ちなみに、手を後ろであわせると、それは「休め」の姿勢になり、あらたまった場面での立ち姿勢としてはふさわしくないとされています。

もうひとつの「手を前でそろえる」には、「武器を扱う右手を左手で隠す。私はあなたに危害をくわえません」という意味があるそうです。「肘を伸ばして、腿の外側につける」ことがなかなか定着しませんでしたので、「手を前でそろえる」立ち姿勢もあることを子どもたちに紹介することにしました。

それからしばらくした平成二一年二月、近江学園の作品展をPRするため、木工科の子どもたちといっしょに、NHKびわ湖放送に出演した時のことです。一分三〇秒ほどのPRでしたが、子ども、職員ともに緊張していましたので、立ち姿勢の手の位置を気にする余裕はありませんでした。

家に帰って放送のVTRを見ると、子どもも、職員も、手を前でそろえた立ち姿勢をとっていました。これには驚いたのと、「手を前でそろえる」ことを毎日朝礼で意識していると、それが定着することの手ごたえを感じました。それ以来、木工科では「手を前でそろえる」ことをあらたまった場面で用いる立ち姿勢の手の位置として支援するようにしています。

面接で挨拶をするとき、社員の前で自己紹介をするとき、仕事を教えてもらうときなどは、緊張していますので、立ち姿勢の手の位置まで意識することはできません。この取り組みは、こうした場面にも対応できる力を育てるものでありたいと考えています。

（三）　九時一〇分　～　一・五キロメートル走

一・五キロメートル走は、一周約七五〇メートルの農道を二周走る取り組みです。早い子どもで五分、遅い子どもでも七分ぐらいで走って帰ってきます。毎日、タイムを計測しますが、早く走ることよりも、同じペースで走ることを大切にしています。なお、このことを支援するために、職員の一人は、タイムを計測し、もう一人は、子どもと一緒に走ります。

私たちの体調は、良いこともあれば、悪いこともありますが、仕事は変わらず、毎日、やらなければなりません。前日にサッカーをして疲れていても、飲みすぎて頭が痛くても、彼女に振られて落ち込んでいても、仕事をしなくていい理由にはなりません。一・五キロメートル走は、そんな日々の体調に影響されず、同じ課題に向かう力を育てる取り組みでありたいと考えています。

このことに慣れない一年生は、「今日は気分転換に別のコースを走りたい」「今日は天気が悪いからやめよう」「先生、しんどいです」「足が痛いです」と訴えます。このようなことを訴える子どもの多くは、毎日同じ課題（この場合、一・五キロメートル走）と向き合うことに疲れてきていると考えられます。そんな子どもの背中を押したところで、その日は走ることができても、次の日は、もっと強く背中を押さないと走ることができなくなります。こうなると、自分の力で走っているとはいえません。

職員は、目の前でくじけている子どもをみると、ついつい頑張らせたくなるのですが、ここでは、子どもが自分で頑張ろうとするのを待つ対応を心がけています。つまり、子どもが「痛い」と言っているわけですから、大事をとって見学させ、二年生や三年生、主任が、暑いときも寒いときも、淡々と一・五キロメートル走に取り組む姿を見せるわけです。

木工科における一年間の活動日数は約二〇〇日ですから、一年間で約三〇〇キロメートル、三年間で約九〇〇キロメートルを走ることになります。これは、近江学園から直線距離で、北は北海道の函館まで、南は鹿児島県の奄美大島までいけるぐらいの長い距離です（ちなみに、滋賀県の琵琶湖は一周約二〇〇キロメートルです）。

この長い距離を三年間かけて走りながら、子どもたちは、淡々と一・五キロメートル走に取り組めるようになります。その姿を見て、「体力がついてきたね」と評価する人もいますが、私は「日々の体調の変化にあわせて、同じ課題に取り組む力がついてきたね」と評価することもできると考えています。

（四）　九時三〇分　～　作業打ち合わせ

一・五キロメートル走を終えると、子どもたちは木工科に戻り、着替えたり、タオルで汗を拭いたり、水分補給をするなどして呼吸を整えます。そして、全員の呼吸が整う九時三〇分から、作業の打ち合わせを行います。進行は主任が行い、その日の予定と作業内容を子どもたちに伝えます。木工科は、共同作業をしていますので、各自の行う作業が全体のどの部分を担っているかをわかりやすく伝えることも大切になります。

進行は主任が行いますし、作業内容も主任からの指示という形で出しますが、一方的な取り組みではなく、子どもたちの表情やしぐさ、話すことから、作業にむかう意欲を確認しながら進める双方向な取り組みでありたいと考えています。

（五）　九時四〇分　～　午前の作業

作業打ち合わせの最後に「よろしくお願いします」と全員で発声した後は、それぞれが持ち場について、指示された作業に取り組みます。その後、子どもたちは、作業一時間、休憩一五分、作業一時間、掃除五分の午前の作業に取り組みます。

この時間は「仕事力の向上」をねらいとし、そのために、ＯＪＴ（on the job training）による支援をしています。会社では、上司は自分の仕事をすすめながら、チームの仕事を管理し、部下を教育していきますが、木工科でも、主任は木工科における工程を担当しながら、木工科全体の工程を管理し、子どもたちに仕事のやり方を教えていきます。

主任が担当する工程は、主に木材加工用機械を使った仕込みになります。手押しカンナと自動カンナで製材し、昇降盤で決まった寸法にカットしていきます。いずれの作業も、気を抜くと大怪我をしますので、しっかり集中して取り組まなければいけません。また、主任がこうした工程に取り組んでいる姿を子どもたちはよく見ていますので、よいお手本を見せるという面からも、安全、正確な仕事ぶりを心がけます。

主任は、こうして自分の担当工程を担いながら、木工科全体の工程を管理し、子どもたちに仕事のやり方を教えていきます。そのときに大切になってくるのが、子どもの仕事ぶりをよく見ることです。

見るポイントは、表情よくできているか、指示された方法で取り組んでいるか、見本どおりのものができているかの三点です。表情が暗かったり、ヘラヘラしていたり、困った表情だったりすると、子どもの仕事がうまくいっていません。子どもとコミュニケーションをとりながら、原因（やり方がわからない、うまくできない、疲れている、気持ちが切り替わっていない）を探って対応していきます。特に、指示通り仕事をしていないと安全が確保できません。危険ですから、直ちに修正を入れます。

木工科は、就職を目指す子どもたちがトレーニングするところです。主任が子どもの様子を確認する時間の長さは、実際の会社にはない木工科ならではの取り組みといえるでしょう。

一一時五〇分ぐらいから片付けと持ち場の掃除をするように声をかけていきます。子どもたちも慣れてくると、時計をみながらきりよしのところで仕事を終え、掃除をはじめるようになります。

掃除が終わると、主任は午前の仕事の評価を子どもたちに伝え、午後の予定を説明します。そして、「お疲れ様でした」と全員で発声すると、昼休憩となります。

（六）一二時〇〇分 ～ 昼食

木工科にはみんなで昼食をとるスペースがありませんので、子どもたちは生活班にもどってお昼休憩をとります。休憩時間とはいえ、午後から作業が控えていますので、節度を守った過ごし方が必要なのは会社の休憩時間と同じです。

しっかり栄養を補給して午後の作業に備えるために、食事は残さず食べるよう子どもたちに声をかけます。また、口に食べ物をいれたまま話をしない。お茶碗をもってご飯を食べる。こぼしたら自分で片付ける。食べ終わったらテーブルを拭くといった食事マナーについても、必要に応じて話をします。

また、食後はその過ごし方を支援します。子どもたちは、雑誌を読んだり、昼寝をしたり、友だちと談笑したり、外の空きスペースでサッカーやキャッチボールをしたりさまざまな過ごし方をします。雑誌を読んだら片付ける。昼寝をするときは、周りの目を意識したところでする。作業開始一〇分前には、持ち場に戻る。一三時から作業ができるように準備する（サッカーボールを追い回して汗だくになって、一三時から仕事をはじめることができないようでは困ります）。トイレは済ませるといったことを、必要に応じて話をします。

一二時五〇分ごろには、「こんにちは」といって子どもたちが木工科に戻ってきます。主任は「こんにちは」と挨拶を返しながら、子どもたちの表情、挨拶のトーン、身だしなみを確認します。そして、午後の作業に気持ちをむけながら、一三時のチャイムがなるのを待ちます。

（七）　一三時〇〇分　〜　午後の作業

一二時五九分になると、みんなで円をつくって、基本の姿勢（立位）になり、「さぁやるぞ」の雰囲気をつくります。そして、一三時にチャイムがなると、主任の進行で中礼を行います。作業の進行状況の確認、作業内容の確認を行い、「よろしくお願いします」とみんなで発声して、それぞれが持ち場につきます。

午後の作業は、一三時から休憩なしで一五時二五分まで行います。なお、この時間設定は、「この程度は仕事と向き合うことができるようにトレーニングしてほしい」という企業からの意見を参考に設定したものです。午後は、昼食を食べて眠くなったり、午前の疲れがあったりしますが、引き続き「仕事力を身につける」ことをねらった支援をします。

（八）　一五時二五分　〜　掃除

作業終了時間になると、主任は、子どもたちにきりよしのところで作業を終えるように指示をだします。子どもたちは、自分が使った道具の片付け、使った作業スペースの掃除、そして、全体の掃除にうつっていきます。

木工科の掃除は、ほうき、ちりとり、そして、集塵機を使って行います。集塵機は、普通の掃除機と比べ馬力があり、木屑をどんどん吸い込んでくれますが、その分、とても大きな音をだします。この時間は、疲れたころに、集塵機の出す大きな音と、大量の木屑と向き合う最後のひとふんばりが求められます。

体力のない一年生は、呆然としながらも、主任の叱咤激励をうけながら身体を動かし、そんな様子を横目に、二年生は、主任の指示を受けながら掃除をし、三年生は、自分で考えながら掃除をすすめていきます。そんな子どもたちの様子を確認しながらになりますが、主任もいっしょに掃除をします。これは、子どもたちにとっても、主任にとってもハードな取り組みですが、妥協はせず最後までやりきります。

（九）　一五時四〇分　～　作業日誌記入

掃除が終わると、作業着についた木くずを飛ばし、手洗いうがいをした子どもから作業日誌を記入します。これは、就職先で日報を記入することを想定した取り組みで、自分の一日の働きを振り返り、表現することをねらいとしています。日報にしても、木工科の作業日誌にしても、書いて終わりではありません。必ず読む相手がいますので、文字を丁寧に書く習慣が身につくような声かけを心がけます。

記入が終わると子どもたちは、「よろしくお願いします」と作業日誌を提出します。細かいようですが、このやり取りも、会社で上司に書類を提出することをイメージして、不十分なところがあれば指摘し、正しいやり方が身につくよう支援します。

主任は、一人一人の日誌から、子どもたちの思いを確認していきます。その際、ポジティブな思い（楽しかった、うれしかった、充実していた）をもったか、ネガティブな思い（つまらなかった、しんどかった、だるかった）をもったかを把握します。不明な点は、子どもたちに尋ねながら、その思いの把握に努めます。

子どもの思いを把握すると、それぞれの日誌に職員のコメントを書き込みます。文字を丁寧に書くことはもちろんのこと、ひらがな中心で書く、単語と単語の間にスペースをあけて読みやすくするなど、子どもたち一人一人の発達年齢を考慮した対応を心がけます。

ただ、子どもたちは、卒園後、つねに読みやすさを配慮してもらえるわけではありません。ときどき、主任以外が記入し、子どもたちがいろんな文字や文章にふれる機会を大切にしています。

コメントは、プラス評価を中心に記入しますが、やむをえずマイナス評価をするときは、あわせて「〇〇するとよくなります」といったアドバイスを記入するようにしています。子どもの一日の働きのまとめになるものですから、前向きな気持ちになれるコメントを書きたいものです。

(一〇) 一五時五五分 ～ 終礼

コメントの記入が終わったら、主任が進行して終礼をします。ここでは「美しい姿勢づくり(座位)」を支援のねらいとしていますので、終礼を始める前に、子どもの聞く姿勢を確認します。不十分であれば、「手はひざの上におきます。左右のお尻に均等に体重をかけます。背筋は伸ばします」と具体的にどのような座り方をするのか伝えます。

その日のまとめ、次の日の予定を伝え、全体で連絡事項を確認し、みんなで「お疲れ様でした」と発声すると作業終了です。主任は、子どもたちが「お先に失礼します」と言って生活班に帰るのを見届けます。

（一二）一六時〇〇分 ～ 段取り

子どもたちが生活班に帰った一六時から、主任は、作業の段取りにかかります。まずは、子ども一人一人のことを思い浮かべ、「作業に集中して取り組んでいたか」「作業中の表情はよかったか」「作業日誌の感想には、どのように記入していたか」「こちらの質問に対して、どのようにこたえたか」などを振り返ります。そして、そのことを「支援記録」に記入しながら、必要に応じて以前の記録を読み返し、子どもの状態を把握します。月末には、ケースごとに所見を作成し、指導グループの上司に報告します。

そのうえで、「A君は、見る力がついてきたから、この工程をまかせてみよう」「B君には、ちょっと難しいかもしれないけど、しばらくいっしょにやったらできるかもしれない」「C君には、この工程は難しいけど、あの工程ならできるかもしれない」と作業の進行をイメージしながら、次の日の作業内容を決定します。この際、「安全に、正確に、効果的にできる」という視点と、「子どもが意欲的に取り組めるかどうか」の二つの視点をもつようにしています。後者の視点を重視するところは、実際の会社にはない木工科ならではといえるでしょう。

木工科では「仕事は段取り。子どもたちが現場にやってきてから作業の仕込みをしてはいけない[*7]」と考えており、このことは、歴代の主任が実践してきました。また、近江学園の設立に携わった池田太郎先生は、その著書で「離れてはつぶさに思い、接しては忘れて行う[*8]」とおっしゃっています。これは、「知的障害を持つ子どもと離れたときは、さまざまな角度から子どもを見て、考え、勉強しなさい。そして、実際に接したときは、いろいろ考えたり勉強したりしてきたことはすべて忘れて行動しなさい。そして、その行動が理にかなったものとなるようにしなさい」という意味をもつ、教育者の心得です。木工科の段取りと実践も、この心得に通じるものでありたいものです。

＊7　宮城多男由（1996）松田先生に思いを寄せて『南郷第24号（創立50周年記念号）』229ページ

＊8　池田太郎（1978）『ふれる・しみいる・わびる教育』北大路書房　219～220ページ

二　年間をとおしての取り組み

木工科が年間をとおして取り組んでいることは、表5のとおりです。ここでは、その詳細について紹介します。

表5　年間をとおしての取り組み

		全学年共通	2年	3年
1学期	4月			
	5月	事業所見学	職場実習	求職登録
	6月			
	7月			
2学期	8月			
	9月	知ハン協体育大会		
	10月	社会見学	職場実習	
	11月			
	12月	近隣施設マラソン大会		
3学期	1月	知ハン協マラソン大会		
	2月		職場実習	
	3月	展示即売会		
・毎月末には、主任と、子どもによるキャリアアップミーティング（個別面談）を実施します。 ・学期末には、惜友の丘の掃除に取り組みます。				

（一）　キャリアアップミーティング

キャリアアップミーティングは、子どもと主任による個別の面談です。ここでは、一ヶ月の作業を振り返り、次の作業目標を設定します。主任は、子どもの考える力に応じたかかわりを行い、子どもが自分の働きについて考え、表現することを支援します。

一ヶ月の作業の振り返りは、毎日、終礼で記入している作業日誌を読み返すことで行います。「先生、これって何て書いてあるのですか？」と自分の書いた文字を読むことができず、主任に質問する子どもに対して、「それは自分が書いたやつやろ！」とツッコミながら、一ヶ月の間にどんな作業に取り組んだのか思い出します。

次に、思い出した作業内容について、子どもたちは、できたか、できなかったかを自己評価します。できたことは、どこを工夫したからできるようになったかを考え、できなかったことは、なぜできなかったか、どうすればできるようになるかを考え、次の作業目標に設定します。

最後に、就職面接で用いられる質問「一ヶ月、どうでしたか（感想は）？」「あなたは何を頑張りましたか？」「楽しかったことはなんですか？」「しんどかったことはありましたか？」「なぜ、そう思うのですか？」を子どもの考える力に応じて使い分けながら、子どもが自分の働きについて考え、言葉にすることを支援します。

取り組みはじめは「べつに」「ふつう」「……」な反応でも、「ボール盤加工をして楽しかった。ニスがうまく塗れず苦労した」「研磨続きでしんどかった」「組立サポート、緊張したけど、うまくいってよかった」と自分の働きについて考え、表現できるようになっていきます。この力こそ、就職面接を勝ち抜く力となり、長く続く職業生活を支える力となるのです。

(二) 惜友の丘の掃除

惜友《せきゆう》の丘は、近江学園で亡くなった子どもや、糸賀先生、松田先生らが眠るお墓で木工科の裏山にあります。惜友の丘の掃除は、木工科が自らに課した学園内における役割で、学期に一度の掃除を基本に、必要に応じて、除草作業や落ち葉集めなどに取り組みます。一学期は、八月上旬の最も暑い時期に行い、二学期は、一二月下旬で寒く、落ち葉がたくさんある時期に行います。こうした時期を経験し、春の訪れを感じる三学期の終わりには、子どもたちは惜友の丘の掃除を自分たちの役割としてとらえることができるようになるので不思議なものです。

木工科が自らに課す園内の役割はこれだけではありません。学園内の修繕や、注文にこたえることもそのひとつです。子どもの課題と向き合いながら、園内の様々な注文にこたえるためには、主任に経験と技術が求められます。平成二〇年から二四年にかけては、車止めのバリケード、洗濯科の柵、生活一班のテレビ台、生活五班の棚、庶務のプリンター台、医局のドアストッパー、炊事のなべの取手修理などに取り組みました。諸先輩方の取り組みと比べると、十分なことができたとはいえませんが、誠実に対応することを心がけてやってきました。

木工科が自らに課すこうした役割は、子どもたちが社会に出て役割を担うための準備だと考えています。私たちは、この取り組みをとおして、「木工科、ありがとう」と感謝されること、また、自分たちが手がけた仕事が残り、誰かの役にたっていることを実感することなどを支援しています。

(三) 事業所見学

事業所見学は、卒園生の就職先を訪問し、「就職した自分」をイメージするための取り組みです。お弁当をもって、学園のマイクロバスに乗り込んでの活動になりますが、気分転換を目的としたものではありませんので、子どもたちが適度な緊張感をもって取り組めるように支援しています。

当日、子どもたちは面接用の服を着て、筆記用具、メモ帳を手に、事業所を見学します。一緒に活動した先輩が、社会の一員として活動する姿は、子どもの目にどのようにうつるのでしょうか。主任は、そんな子どもたちの表情を確認し、立ち居振る舞いを見守りながら、不十分なところは声をかけます。

緊張するのか、毎年、帰りのバスのなかでは、子どもたちはぐったりしていますが、事業所見学は続きます。次の日、頂いた資料や、自分のメモを参考に報告書を作成し、主任に提出して、この研修（事業所見学）は終わります。

（四）　社会見学

先ほどの事業所見学を「研修」と位置づけるのであれば、一〇月に行う社会見学は、「社員旅行」といったところでしょうか。複数の行き先を準備し、子どもたちが活動する三年間でさまざまな経験ができるよう計画しています。

兵庫県コース（竹中大工道具館の見学　＋　神戸散策ショッピング）
三重県コース（クラフト展見学　＋　おかげ横丁ショッピング）
滋賀県湖北コース（クラフト展見学　＋　紅葉散策）
京都府コース（クラフト展見学　＋　梅小路蒸気機関車館）
愛知県コース（名古屋港水族館　＋　ショッピング）
奈良県コース（大仏見学　＋　ショッピング）

羽目をはずしすぎず、また、堅苦しくなく、リフレッシュすることを目的に実施します。ですから、事業所見学のように、木工科に戻ってきてからの報告書がないのは、子どもたちもよく承知していることなのです。

（五）　展示即売会

展示即売会は、一年間をとおしてつくりおいた製品を展示し、即売するものです。木工科で活動する子どもと職員は、この取り組みに照準をあわせて、質の高い製品をつくり、製品を販売するための姿勢を磨いていきます。会期は七日間ですが、その年度につくった製品を中心に展示即売しますので、実質一年をとおしての活動だといえます。

私が主任をしていた平成二〇年から平成二四年の五年間は、滋賀県近江八幡市の白雲館のギャラリーをお借りして、展示即売会を開催しました。

平成二〇年度　平成二一年一月二三日㈮〜　一月二九日㈭
平成二一年度　平成二二年一月二二日㈮〜　一月二八日㈭
平成二二年度　平成二三年三月一一日㈮〜　三月一七日㈭
平成二三年度　平成二四年三月　二日㈮〜　三月　八日㈭
平成二四年度　平成二五年三月　一日㈮〜　三月　七日㈭

毎年、この展示即売会に向けて、およそ二〇種類、約四〇〇点の製品（約四〇万円相当）を準備してきました。それに対して、毎年、約六〇〇名の方が来場くださり、約一五万円のお買い上げをいただきました。たくさんの方に来場いただき、自分たちが手がけた製品を多くの方が購入してくださったことは、展示即売会に携わった子どもたちだけでなく、担当する職員にとっても大きな励みになりました。来場くださった方、製品を購入してくださった方には、この場を借りて御礼申し上げます。ありがとうございました。

（六）　職場実習

職場実習は、作業に特化した日課を積み上げ、キャリアアップミーティング、事業所見学、展示即売会などの取り組みを経験した二年生以上を対象に、近江学園の周辺にある企業のご協力を得ながら、「職場で働く経験をつむ」ことをねらいとした実践的な取り組みです。

〈職場実習先の業種と実習生が取り組む仕事内容〉

・製造業（建築部材）　断熱材の結束
・製造業（菓子）　商品の箱詰め
・製造業（繊維）　補助作業
・製造業（自動車部品）　自動車部品の加工、洗浄
・製造業（自動車部品）　自動車部品の組立
・製造業（機械）　機械部品の組立、洗浄
・小売業　バックヤードでの商品出荷準備、前だし、品だし
・自動車販売業　洗車

・メンテナンス業　　除草作業
・リサイクル業　　リサイクル品の分解、整理

子どもたちは職場実習で、一人で通勤し、働き、知らない人のなかに入って昼食をとり、わからないことは質問することなどを体験します。想定外のアクシデントに対しては、自分で解決するか、職員に相談してからにするかを判断しなければなりません。主任がいて、仲間もいる「木工科をでて」「一人でする」のが職場実習といえます。

職場実習は、実習先企業の協力をいただきながらの取り組みになりますので、電話一本、「明日から実習生をやらせますので、よろしくお願いします」というようなやり方はできません。実習担当職員は、実習先企業と事前に打ち合わせを行い、事前訪問、見学、面接、通勤練習を支援します。こうした準備があってはじめて、子どもたちは「木工科をでて」「一人でする」に取り組みます。

実習がはじまってからも、定期的に実習先企業を訪問し、子どもの仕事ぶりを見て、従業員からの評価を聞き取ります。その内容は子どもにフィードバックし、改善点をア

ドバイスします。また、配慮が必要な点については、実習生の上司、または、現場で一緒に働いている従業員に伝え、フォローをお願いします。

実習終了が近づくと、本人と企業担当者の日程を調整し、実習のまとめ（振り返り会）を実施します。ここでは、職場実習を振り返り、子どもの感想、実習先の評価を関係者で共有します。そのことは、木工科の取り組みにフィードバックし、次の実習にむけた支援にいかしていきます。

「ほったらかしにならず」、「過保護にならず」というのが、職場実習を支援するときのポイントになります。また、子どもたち個々の適正、能力、興味関心を把握したうえで、個別に職場実習を計画しますので、「個別化」が支援にあたってのキーワードとなります。近江学園の職場実習制度には三つのステップがあり、子どもの状態にあった実習を支援しています。

ステップ1　基本実習

基本実習は、二年生以上を対象とした実習です。実習期間は一ヶ月を基本としていますが、子どもの状態や実習先の都合により二週間、三日間の実習を計画することもあります。この実習をとおして支援したいのは、成功体験と次への意欲です。子どもたちが、「職場実習頑張った。実習先から評価してもらった（成功体験）。自分も社会に通用するかもしれないと思った。でも、○○が課題だから、次の実習までに努力したい（次への意欲）」と思えるような実習を支援したいものです。

ステップ2　有償実習

有償実習は、ステップ1の基本実習を終えた実習先事業所から「大変、よくがんばった」「戦力になった」という評価をもらった子どもが対象になります。一日一〇〇〇円～二〇〇〇円の手当てをいただきながら、三ヶ月を基本とした長期の実習になります。誰でも取り組める実習ではなく、仕事のできる子どもが対象になります。

有償実習では、基本実習で支援することにプラス、実習の範囲内ですが、実習先から戦力として見込まれること、働く対価としてお金を得ることなどを支援することができます。

ステップ3　就労を前提とした実習

就労を前提とした実習は、基本実習や有償実習とは違い、就職活動のひとつとして行いますので、次のところで説明します。

（七）　就職活動

木工科の子どもたちの就職活動は、三年生の五月にハローワークでの求職登録をもって本格的にスタートします。ここから、子どもたちは、進路担当職員や、ケース担当職員とともに、自分で就職を掴み取るための活動にはいります。

そのために、自分がどのような働き方をしたいか、できそうかについて、自分の考えをまとめなければなりません。子どもたちは、進路担当やケース担当との話し込みから、仕事するうえで優先したいこと、希望する仕事内容、希望給与額などを具体的に思い描きます。この取り組みと平行して、進路担当は、木工科主任の所見、ケース担当の所見、実習担当の所見などをふまえ、進路支援計画を作成し、本人に説明し了承を得ます。それを、保護者、近江学園スタッフ、卒園後の子どもを支える支援者に伝え、それぞれの立場からの支援協力を取り付けていきます。

こうした下準備が終わってから、子どもたちは、進路担当と求職登録にむかいます。ハローワークでは、障害者雇用の担当官に自分の思いを伝えますが、このときに希望する求人を紹介してもらえることはなかなかありません。こうした厳しい現実に直面した子どもたちは、いったん学園に戻って、希望する求人を待つことになります。

進路担当は、様々なところにアンテナをはり、求人情報が入れば、子どもたちに提供します。そこで、子どもが求人に興味を示せば、企業見学という運びになります。企業見学は、子どもが実際に仕事内容を見て、職場の雰囲気を感じることを支援するための取り組みです。見学前は「どんな仕事でもやります」と言っていたけれども、においがきつくて採用試験を受けない「自己選択」や、製造業を希望していたけれども、メンテナンスの仕事にも魅力を感じて、採用試験を受ける「自己選択」を支援します。

採用試験では、筆記や面接を課す企業もありますが、多くのところでは、就労を前提とした実習をとおして採用の可否を決定します。この実習は基本実習や有償実習と違い、企業は、その人が戦力になるかどうかを見極め、求職者は、自分がその会社で働きたいと思うかを判断します。働く経験をするという教育的側面よりも、試験的な側面の強い実習といえるでしょう。

　実習期間は、二週間を基本とし、終了時には、求職者とその保護者、企業担当者、支援者、ハローワークの担当官が集まっての話し合いの場が設けられます。そこでは、実習の振り返りが行われ、求職者と企業担当者は、お互いの意見を話し合います。このとき、双方の思いが採用で一致したとき、長く続く職業生活がはじまるのです。

三　木工科製品の紹介

木工科は昭和二九年に松田先生によって活動をはじめて以来、社会に通用するモノづくりを目指してやってきました。ここでは、平成二〇年～二四年にかけて生産した木工科製品について紹介します。

縁台……………………5000円　81ページ
便利台…………………800円　82ページ
自然木の便利台　……1500円　83ページ
便利台まるちゃん　…1500円　84ページ
子ども椅子……………1500円　85ページ
ねこ椅子………………1500円　86ページ
スツール………………3500円　87ページ
ねこ机…………………5000円　88ページ
ミニテーブルセット　…5500円　89ページ

テーブルセット（杉）……………20000円 90ページ
テーブルセット（カラー）…………20000円 91ページ
おもちゃぐるま………………………300円 92ページ
おもちゃきかんしゃ ………………500円 93ページ
つみきッズ……………………………2000円 94ページ
木馬……………………………………3500円 95ページ
はしおき…………………………………50円 96ページ
なべしき………………………………300円 97ページ
額たて…………………………………500円 98ページ
鉢カバー………………………………800円 99ページ
念珠かけ………………………………800円 100ページ
額………………………………………1500円 101ページ
飾り棚…………………………………5000円 102ページ
バリケード……………………………非売品 103ページ
柵………………………………………非売品 104ページ

縁台

宮城先生が、飛騨でプロの木工集団に学び、仕口研究と森の生態についての知識を深めた後、平成7年より生産をはじめた木工科の代表的な製品です。この縁台の組み方を参考に、便利台、子ども椅子、ミニテーブル等の製品ができています。

便利台

平成18年より石田先生が生産をスタートさせました。木工科にきたばかりの新入生の導入教材として、また、体験生、実習生が取り組む課題としての役割を担っています。教材を提供する主任にとっても、購入される方にとっても、便利な台で、私が主任を務めていた期間は、年間およそ100台を生産しました。

自然木の便利台

基本的な組み方は、便利台と同じですが、部材の太さや形が１本１本違うため、その組立にあたっては、考える力が必要になります。便利台の組立に自信をもちはじめたＡくんが挑戦し、悪戦苦闘しながら取り組みました。

便利台まるちゃん

株式会社アヤハディオ様で販売されている「ベンリー台まるちゃん」を参考に生産をはじめました。

この製品のポイントとなる着色、ニスの工程は、几帳面なB君が中心になって取り組みました。その彼は、几帳面さを評価され、業務用のクリーニングを請け負う会社に就職を決めました。

子ども椅子

石田先生が残したノウハウを使ってリメイクした製品です。

1,500円という値ごろ感から「孫へのプレゼント」として好評を得ています。在庫がなくなれば生産する木工科の定番製品です。

ねこ椅子

『手作り木工事典』№6（婦人生活社　平成3年発行）に作り方が掲載されている「お絵かきチェア」を参考に生産をはじめました。平成23年度の展示即売会で好評をえてから、在庫がなくなれば生産する木工科の定番製品となりました。

スツール

スツールは、一般的に背もたれのない実用的な椅子のことをいいますが、木工科ではネジくぎをつかわず、楔で座板と脚部を接合した3本脚の椅子のことをスツールと呼んでいます。

松田先生の頃から使用している治具を使って、平成23年度の展示即売会にむけて25台を生産しました。

ねこ机

ねこ椅子を購入くださった方の「私のような愛好家にとって、猫をモチーフにしたものは買いたくなるのよ」の一言から、生まれた製品です。

平成24年度の展示即売会にむけて、当時、力をつけてきた1年生のC君と搬入当日の朝にニスをぬって仕上げました。会期中に生産した6台すべてが売れたことは、C君の自信につながりました。

ミニテーブルセット

縁台の組み方を参考に製品化した幼児用のテーブルです。

あわせる椅子は、子ども椅子だけでなく、便利台、便利台まるちゃん、ねこ椅子のなかから、自由にお選びいただけるようになっています(これらは、すべて同じ高さに設計されています)。

テーブルセット（杉）

平成21年度の展示即売会にむけて一点ものとして生産しました。原材料である杉は、滋賀県栗東市にある金勝山の間伐材を使用しています。

その年に定年退職された片岡園長が「近江学園で働いた記念に木工科製品を」と購入してくださいました。

テーブルセット（カラー）

平成22年度の展示即売会にむけて一点ものとして生産しました。ルーターを使って天板の面取りをしたのですが、サイズが大きいため、その加工には苦労しました。

前年度のテーブルセット（杉）の時にくらべ、いろんな意味で完成度の高まりを感じた製品です。

おもちゃぐるま

石田先生が作った型を使ってリメイクした製品です。300円という価格と、持ち運びやすさから、「子どもへのちょっとしたプレゼント」として好評をえています。在庫がなくなれば、生産する木工科の定番製品です。

おもちゃきかんしゃ

株式会社国際貿易が販売している「petit*i きしゃきしゃタマちゃん」を参考に生産をはじめました。

限られたスペースで複数の着色を同時にすすめるため、赤色が跳ねてオレンジ色についたりすることがないよう、主任も着色を担当したＢくんも細心の注意を払って作業を進めました。

つみきッズ

木工科のモノづくりの過程ででる端材を使った積み木です。製品名の「つみきッズ」は、当時、ダジャレで仲間をひかせまくっていたD君のアイデアによるものです。

木馬

石田先生が作った型を使ってリメイクした製品です。3,500円という値ごろ感から、「出産祝い」として好評を得ています。在庫がなくなれば、生産する木工科の定番製品です。

はしおき

平成24年度の展示即売会にむけて約1,200個を生産しました。当時、木工科の副主任をしていた山﨑先生の設計によるものです。

なべしき

宮城先生の頃から在庫がなくなればリメイクし続けている木工科の定番製品です。

「単純なつくりであっても、複雑なつくりであっても、気をぬくことがあってはいけない」ということを、このなべしきの生産をとおして教わりました。

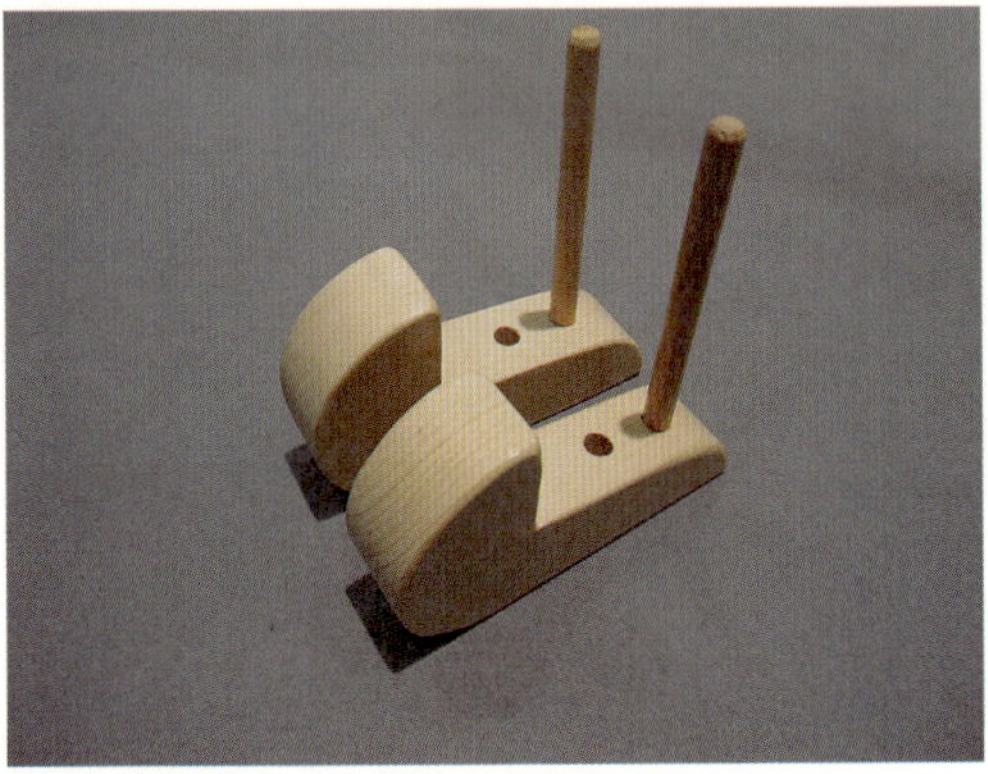

額たて

石田先生が作った型を使ってリメイクしました。額とのセットを想定して設計されていますが、お皿をたてるのに使ったり、絵画をたてたりと、購入された方は、さまざまな用途でご利用くださっています。

鉢カバー

石田先生が残した型を参考にリメイクしました。ガスバーナーで表面を焼いてから、ニスを塗っています。

子どもたちはみな、その工程をやりたくて、それぞれの手段で「僕、その仕事やりたいです」をアピールしていました。

念珠かけ

石田先生が作った型を使ってリメイクした製品です。

お寺の住職をされている職員から、「こういうの木工科でつくれないか？」の話からヒントを得て生産したものです。

額

　私が主任になって一番最初に生産したものです。このことをとおして、石田先生から子どもとの共同作業によるモノづくりを教わりました。

飾り棚

平成21年度の展示即売会にむけて生産しました。この年の木工科は、便利台まるちゃん、ミニテーブル、おもちゃきかんしゃと、着色した製品を多数取り扱いました。

バリケード

近江学園の入り口に設置している車止めのバリケードです。当時、近江学園長をされていた前田先生からの注文製品です。

柵

洗濯科と倉庫の間の行き来をなくすための柵です。当時、近江学園長をされていた前田先生からの注文製品です。

第四章　生活力

一　食事

私たちの身体は、食べるものによってできています。筋肉や髪の毛、爪などは、たんぱく質によって、骨は、カルシウムによってできていることは、よく知られたことです。必要な栄養素が不足すると、風邪、肌荒れ、便秘、下痢、イライラしやすさ、集中力低下といった身体的、情緒的不調がみられますので、良質なものをバランスよく食べたいものです。

近江学園が設立された戦後間もないころは、基本的な物資が不足していましたから、食事に関する支援といえば、食べる物を調達することでした。糸賀園長自らが、近所の農家に頭を下げ、米を借りてまわり、職員は、野菜を育て、牛や豚を飼い、魚を釣り、子どもの食べる物を確保したそうです。創立記念日（一一月一五日）の朝食が芋粥なのは、こうした時代があったことを振り返り、今ある豊かさに感謝するためなのです。

今は、戦後間もないころに比べ、はるかに豊かになりましたが、いろんな物が「ありすぎる」状態ともいえます。その結果の肥満などは、戦後間もないころには考えられない、今の時代ならではの問題かもしれません。ただ、私たちが支援すべきことが、安全で心身の成長に必要な食事を提供することなのは、今も昔も変わりはありません。

近江学園では、栄養士と調理師が安全な食材を吟味し、子どもが食べやすいよう調理し提供しています。そして、指導員は、実際の食事場面で「配膳されたものは、残さずに食べましょう。嫌いなものでも、半分は食べましょう」といった声かけを行い、子どもたちが必要な栄養をとれているかを見守ります。

職員の隙をねらって、嫌いなものを残飯バケツに捨てる子どもや、それに気づいて職員に報告する子どももいます。「嫌いなものでも頑張って食べないといけない」「告げ口をした」で喧嘩になることもしばしばです。そんな日々のほほえましいドタバタ劇のなかで、私たちは、子どもたちの「食べる」を支援しています。

また、就労を目指す子どもたちにとっては、食事マナーを身につけておくことはとても大切なことです。同僚とのおしゃべりが先行して、休憩時間内に食事を終えられないようでは困ります。また、食事マナーの悪さは、「あの人、食堂でお茶をこぼして、片付けもしなかった」「あの人の食べ方はきたない」という評価になり、仕事以前の問題ともなります。

私たちは日ごろの食事場面において、「食事中の姿勢を正しましょう。食事中のたち歩きはやめましょう。おしゃべりを控え集中して食べましょう。こぼしたら自分でふきましょう」といった声かけを行い、子どもたちの「食事マナー」についても支援をしています。

二　睡眠

睡眠は、一日の三分の一である七～八時間必要といわれ、また、その質も大切だといわれています。睡眠には、心身の休息、記憶の再構成、成長ホルモンの分泌といった機能があり、睡眠が不足すると、疲れがとれない、集中力が低下する、イライラする、肌が荒れる、便秘になるといった症状がでるともいわれています。睡眠は、食事と同じぐらい、健康的な生活のために大切であるはずなのに、思いのほか軽視している人が多いように思います。

急ぎの仕事があって徹夜とか、テスト前の一夜漬けというのは、よく聞く話です。また、スポーツの国際大会（オリンピックやワールドカップなど）があれば、テレビ局は、地球の裏側で行われている国際大会の様子を深夜に生放送し、二四時間営業のコンビニエンスストアは、夜更かしをしてお腹をすかせたお客さんを、お弁当やおにぎり、おでんを用意して待ってくれています。

私は、三〇代前半までは、「やりたいことや、やらなければいけないことがあれば、睡眠を削ればよい」「寝不足でも、健康的な生活に問題なし」と思っていましたし、実際、それで乗り切ってきました。しかし、三〇代後半からは、睡眠が不足すると次の日に疲れを持ち越すようになり、睡眠の大切さを実感するようになりました。おそらく、年をとって、無理がきかなくなってきたのだと思います。ただ、無理がきくからといって、睡眠を軽視してもよいということにはなりません。年をとっていても、若くても、睡眠が大切なことは変わらないからです。

近江学園には、決まった日課がありますので、難しいことをしなくても、それにのれば規則正しい生活習慣が身につくようになっています。木工科の子どもたちが生活する三班では、二〇時三〇分に共用部が消灯。二一時に、部屋も消灯となります。二一時からは、眠ることが出来なくても、他の人が寝ているのを邪魔しないように過ごさなければなりません。

ただ、若さあふれる男子が、このような日課にやすやすとのってくれるはずがありません。彼らが、宿直職員の巡回パターンを把握して、持込禁止のゲームや携帯電話、H

な本やＤＶＤで、消灯後の生活をエンジョイしているのはよくある話です。私たち職員も、子どものこうした動きはなんとなくわかりますから、忍者のように巡回しながら、日課が守られているか見守っています。

消灯後のお楽しみがエスカレートしすぎているときには、睡眠の大切さを語って聞かせなければなりませんが、職員自身が睡眠をどのようにとらえているかが問われます。睡眠を軽視している職員から、睡眠の大切さを説かれても、子どもたちには響きません。睡眠について子どもたちによい支援をするためにも、職員自身の健康のためにも、必要な睡眠を確保した健康的な生活を心がけたいものです。

三　薬について

近江学園には、定期的に薬を利用している子どもがいます。彼らは、小児科、皮膚科、精神科の医師から処方された薬（抗てんかん薬、情緒の安定を目的とした薬、アレルギー性鼻炎の薬、ステロイド、水虫の薬など）を、朝食後、昼食後、夕食後、入浴後、眠前などに、内服、塗布しなければなりません。私たちは、子どもたちが利用する薬について、医療と連携しながら知識を深めるとともに、子どもたちが医師の処方どおりに薬を内服、塗布するのを支援しています。

そのために、各生活班では、子どもの障害の程度や日課をふまえて、服薬支援マニュアルを作成し、誤飲や、飲み忘れがないよう支援しています。それに加え、生活三班では、子どもの主体性、つまり、自分が飲んでいる薬を自分のこととしてとらえる姿勢づくりについてもあわせて支援をしています。

生活三班では、食事が終わると、対象の子どもたちは、職員から薬を受け取って、自分で服薬することになっています。しかし、薬を自分のこととしてとらえる力が弱い子どもは、食事が終わっても、次の行動（食後の薬を飲むこと）にうつることができません。そのままにしておくと、飲み忘れる可能性が高まりますから、薬を管理する職員は、薬を取りに来ない子どものところに行って、薬を飲ませることがあります。

たしかに、このやり方をすれば、子どもが薬を飲み忘れるリスクはさがりますが、子どもは薬を飲ませてもらっていますので、薬に対する主体性を育てる支援としては好ましくありません。

日課が多少遅れることもありますが、薬を取りに来ない子どもに対しては、声をかけ、自分で取りに来るのを待つ対応は、やはり必要だと感じています。そのなかで、飲み忘れがあっても職員がフォローできる、そんな服薬支援ができるように今後もやり方を模索していきたいと考えています。

四　身のまわりを整える力

身のまわりを整える力は、自分自身と住む場所をきれいに保つ力をいいます。起床後は、着替えて、顔を洗うこと。食事の前には手を洗い、終わったら歯を磨くこと。外から帰ると、手洗い、うがいをすること。夕食後には風呂に入ることなど、近江学園の生活場面におけるこれらの日課は、身のまわりを整える力を支援するための機会となります。生活班の職員は、子どもたちがこうした日課に取り組む姿を見守りながら、不十分なところは見本を示し、子どもにさせることを繰り返します。

たとえば、歯を磨くときは、口を開けて、鏡で歯を見ながら、ブラシの角度を調整し、ブラッシングしなければなりません。私は、自分自身や住む場所をきれに保つということは、第六章にある「見る力」や「働く手」のトレーニングになると考えています。

近江学園には「生活即教育」という言葉があります。生活場面のひとつひとつのことを、子どもを育てる手段として大切にしながら、これからも、子どもたちの身のまわりを整える力を育んでいきたいと考えています。

五　自分の時間のすごし方

私たちは、生きていくうえで、食事、睡眠、身のまわりを整えるといった健康的な生活を維持すること、また、仕事、学校、子育て、介護といった社会的な役割を果たすことなど「やらなければならないこと」がいくつもあります。ここでいう自分の時間とは、こうした「やらなければ」ではなく、「やりたいな」で過ごすことができる時間をいいます。

会社の上司に誘われてだと、趣味のゴルフも「やらなければならないこと」になりますし、ウォーキングも、週三日の「やらなければ」だと、あまりよくありません。この時間を有意義に過ごすコツは、「やりたいな」で過ごせているかどうかにあるように思います。

ただ、この「やりたいな」にも、限度があります。次の日の仕事に差し障らない範囲であることが大切です。前日に飲みすぎて頭が痛いとか、週末に遊びすぎて疲れているといったことはないようにしたいものです。

近江学園では、このことについて、子どもたちの年齢、障害の程度にあわせた支援をしています（余暇支援）。生活三班では、さまざまな過ごし方（※）を提案し、子どもたちが、自分の気分や体調にあわせた過ごし方を選択することや、月曜日の作業に差し障らない過ごし方ができるように支援をしています。

※　グラウンドでのスポーツ（野球やサッカー）、屋内スポーツ（卓球）、その季節ならではの行事（運動会、味覚狩り、スケート教室）、図書館の利用、レンタルビデオショップの利用、買い物、おやつ作り、釣り、スポーツチーム（野球、サッカー、バスケットボール）への参加、ドライブ、ウォーキング、サイクリング、阿星山ハイキングなど

第五章　社会性

一 人のよさを認め、頼りに思う気持ち

私たちは、よほどのことがない限り、人と人のつながりのなかで生きていかなければなりません。そのための考え方や技術にはいろいろありますが、ここでいう人のよさを認め、頼りに思う気持ちは、こうした考え方や技術の基礎となります。ただ、これは「持ちましょう」と言われて持てるものではなく、自然とわきおこってくるものであるように思います。

主任は、子どもが就職し、社会に巣立っていくとき、「うれしいけれども、困るなぁ」という気持ちになります。木工科で一生懸命頑張ってきた子どもが社会に巣立っていくことはうれしいことです。それは間違いないことですが、木工科を運営することを考えると、力をつけた子どもがいなくなるということは、「優秀な人材を他社にヘッドハンティングされる」ということですから、そういう意味では困るわけです。

こうした子どもを頼りに思う主任の気持ちは、子どもの人のよさを認め、頼りに思う

気持ちを育てるようです。木工科に慣れてきた子どもたちは、主任の木材加工に関する知識や技術を敬い、夜遅くまで木工科で仕事していることを頼りに思うようになってい きます。また、A君は、B君が研磨の仕事が続いてもコツコツ頑張る姿を認め、B君は、A君が器用に機械を操作し木材加工できることを頼りに思うようにもなるのです。

私たちは生まれてから死ぬまで、さまざまな人間関係を経験します。お父さん、お母さんとの親子関係にはじまり、友だち関係、学生時代の先輩後輩の関係、就職すれば、上司部下、取引先、お客様とのビジネス上の関係があります。会社以外にも、恋人との関係があり、結婚すれば、夫婦関係、親子関係がはじまり、親戚づきあいも広がります。職業生活を終えるころには、孫との関係が始まる人もいるかもしれません。

木工科における人間関係は、長い人生のなかで経験する人間関係のひとつにすぎません。しかし、思春期の多感な時期に経験するものですから、これからの糧になるような、お互い働く人として尊重しあう関係でありたいと思っています。そして、そのことをとおして、人のよさを認め、頼りに思う気持ちを育てたいと思うのです。

二　返事をする力

ここでいう返事をする力とは、名前を呼ばれたとき、作業の指示を受けたとき、仕事のやり方を教わっているときなどの状況にあわせて、相手の働きかけにこたえる力をいい、木工科では、作業中の具体的な場面をとおしてこのことについて支援をしています。

名前を呼ばれたときの返事は「はい」が基本です。主任は、相手に聞こえないような小さい声の返事、「うん」という返事、また、うなずくだけの返事に対しては、そのことを指摘し、職場で名前を呼ばれたときの返事は「はい」であることを定着させていきます。

そのうえで、主任自らが、相手に聞こえるような「はい」を使っているかどうか、自分でチェックしながら支援にあたります。疲れていると、自分はできているつもりでも、いい加減な返事をしていることがあるので注意が必要です。木工科では、指導者は子どものよきお手本になることを心がけていますが、その心得はここでも大切になってくるのです。

仕事を指示されたときの返事も「はい」が基本です。ただ、この「はい」には、指示されたことについて「わかりました」という意味をもちますから、注意が必要です。指示された内容を理解できれば、「はい」と返事すればよいのですが、わからないときは「わかりません」と返さなければいけません。

仕事を教えてもらっているときの返事は、必ずしも「はい」でなくてもいいように思います。ここで大切なのは、教えてくれている人に対して、わかったか、わからなかったかを、「はい」と言う、うなずく、「わかりません」と言う、眉間にしわを寄せて困った顔をするなどして伝えることだからです。木工科では、新しい仕事を教える場面で、子どもたちが、わかっていないのに「はい」と返事をしていないか確認しながら、わからないことはごまかさず、何らかの形で相手に伝えることができるように支援をしています。

三　挨拶をする力

働く場面での挨拶には、朝の「おはようございます」、昼の「こんにちは」、職場を離れるときの「お先に失礼します」などがあります。こうした挨拶は、小さな声では相手に聞こえませんし、不機嫌そうな顔で言われても、あまりいい気はしません。相手に聞こえる声で、相手の目を見ながら、笑顔でかわすことが大切です。

近江学園の卒園生（Aさん）は、この挨拶をする力を請われて、就職を決めました。二週間の就労を前提とした実習に取り組み、その振り返り会で、「実習中、Aさんはいつも元気に挨拶をしてくれていたので、職場の雰囲気が変わりました。社員が挨拶するようになったのです。会社の雰囲気を変えることができるAさんは、うちの会社に必要です」とまで評価されました。

各企業の障害者雇用に対する要求は、年々、あがってきています。「障害にもいろいろあるだろうから、ぼちぼちやってくれたらいいよ」という見方から、なんらかの形で会社に貢献できる、戦力として見込める人材を採用するようになりました。採用を勝ち取るためには、厳しい競争を勝ち抜く力、つまり、仕事が出来ることや、Aさんのように、本物の挨拶が出来るなどの強みが必要になってきています。

木工科では、子どもも主任も、朝礼の発声訓練のなかで、職場における挨拶三つ「おはようございます」「こんにちは」「お先に失礼します」の復唱に取り組んでいます。毎日続けることですから、ダラダラした雰囲気にならないように声をかけ、美しい立ち姿勢で、しっかりした挨拶ができるよう支援しています。

また、日課のなかで子どもたちの挨拶を確認し、不十分であれば、その都度、指摘します。このとき、主任自らが、子どもたちの見本となる挨拶を心がけます。このような取り組みのなかでつくられる「しっかりした挨拶をしよう」という雰囲気のなかで、Aさんのような人材をこれからも育てていきたいと考えています。

四　感謝の気持ちを伝える「ありがとう」

近江学園の職員は、よく「ありがとう」と言います。職員は、お手伝いをしてくれた子どもに「ありがとう」と声をかけるだけでなく、食事準備や、トイレ掃除といった仕事をした同僚に対しても、「ありがとう」と声をかけます。

近江学園に採用されたばかりの頃は、「ありがとう」が飛び交う環境に違和感をもちましたが、しばらくすると心地よくなり、今は「ありがとう」と言うことも、言われることも日常のひとつとなりました。

木工科の子どもが取り組む実習先にも、「ありがとう」が飛び交う職場があります。実習生が何か仕事をするたびに従業員の方は、「ありがとう」と声をかけてくださるのですが、なぜか居心地のよさを感じるので不思議なものです。

「ありがとう」には、その場の雰囲気を居心地のよいものにかえる不思議な力があります。それは、「ありがとう」が、感謝の気持ちがわきおこるような心温まる交流があったことを示す言葉だからなのかもしれません。

働く場面では、そんな「ありがとう」にたくさん出会います。お客様に対して「ありがとうございます」。仕事を教えてもらったり、昼食をごちそうになったりして「ありがとうございます」。仕事を助けてもらって「ありがとう」など、さまざまです。

木工科では、こうした感謝の気持ちを表す場面で、素直に「ありがとう」と言える雰囲気を大切にしたいと考えています。まずは、主任自身が、感謝の気持ちを「ありがとう」という言葉で伝えることを心がけます。そして、具体的な場面をとおして、子どもたちに「ありがとう」と感謝の気持ちを伝えることの大切さを説いていきます。これは、木工科だけでなく、近江学園のそれぞれの部署で実践していることであり、大切にしていることでもあるのです。

五　失敗したときの態度

失敗したときの態度にもいろいろありますが、そのなかでも、隠す、認めない、言い訳をする、責任転嫁、責任逃れなどは、よろしくありません。このことで信頼を失うと、回復までに長い時間がかかります。また、ビジネスシーンでは、失職、倒産の原因ともなります。失敗したときは、そのことを認め、謝罪し、償いと再発防止にむけた行動が求められます。

この力を育てるには、実際の失敗場面が一番よい教材になります。ただ、木は一度加工すると、基本的に元に戻すことができません。木工科で失敗するということは、最初からやり直しであることが多いため、子どもを育てるよい教材とはいえ、工程を管理する立場にある主任は、それなりにがっかりします。

この支援をするうえで、まず取りかかるべきことは主任自身の気持ちを立て直すことかもしれません。そのうえで、失敗の程度、手直しの容易さ、子どもの支援目標、課題、なぜ失敗したのかなどを総合的に判断し、個別支援にかかります。

まずは、子どもが失敗したことに気づいているか確認します。物を落として壊したといった事例では、失敗したことが一目瞭然なのですが、なかには自分が失敗したことに気づいていないこともあります。そのときは、失敗箇所をよく見せて、正しく出来た状態と見比べながら、どこをどのように失敗したのか、子ども自身が気づけるような丁寧なかかわりが必要です。

子どもが自分の失敗に気づいたとしても、そのことと向き合えない場合は、少しやっかいです。子どもは、失敗をごまかしたり、言い訳をしたり、責任を転嫁しますので、主任は、あらためて気持ちを切り替えて、そんな子どもたちと向き合います。それには、心理的葛藤を伴いますので、一人の職員がすべてを抱え込むことがないよう、職員どうしが連携しながら支援することが望ましいといえるでしょう。

六　規範意識

規範意識は、法律、道徳、モラルといった社会的なルールを守る態度のことをいいます。ルールを守る人には、その社会における権利を保障されますが、ルールを守らない人には、それ相応のペナルティが科せられます。このことの影響は大きく、社員の法令違反が新聞沙汰になれば、その企業のイメージは下がり、家族の誰かのモラルにかける行動が世間のうわさになれば、その影響は家族全体に及びます。

大人は子どもに対して、「ルールを守らなかったら、おやつ抜きですよ」と言ってしまうことがあります。確かに、ルールを守らなかったら、ペナルティを受けることになりますが、それは、ルールのひとつの側面にすぎません。そもそもルールは、それぞれの権利を守るために存在するはずです。「ルールを守らなかったらペナルティを科します」という声かけではなく「ルールを守って、みんなで住みよい社会をつくろう」と声をかけたいものです。

子どもの規範意識を育てるときには、子どもに対して影響力のある大人の規範意識は、重要なポイントになります。教える立場や、社会的な影響力をもつ人の法令違反に対して世間の目が厳しいのは、みんながそのことをなんとなく感じているからだと思います。

木工科の子どもにとって影響力のある大人は主任ですから、歴代の主任は、何事においても、子どものよきお手本となる立ち居振る舞いを心がけてきました。日本人として、日本の法律を守ること。近江学園の職員として、職員規範を遵守すること。そのほかに、時間を守ること。ゴミはゴミ箱に捨てること。約束を守ることなど規範遵守の雰囲気を身にまとうことは、子どもの規範意識を育てるときの重要なポイントとなります。ルールや規則の大切さを子どもたちに語ることも大切ですが、自分の規範意識を一定のレベルで維持しておくことは、それ以上に大切なことだといえるでしょう。

私たちはこのことを基本としながら、近江学園ならではの特殊なケースに対応しなければなりません。近江学園には、さまざまな生育歴をもつ子どもが入園してきます。そのなかには、複雑な生育歴のなかで、規範意識が十分育まれてこなかった子どもの入園もあります。万引き、お金を盗む、性暴力、他の児童・職員への暴言・暴力といった問題行動があり、地域で生活することが難しくなったケースです。近江学園に入園後も、こうした行動は続くか、別の形になってあらわれますので、支援スタッフは、日々、その対応に追われることになります。

担当職員は、子どもとの葛藤を抱え、落ち込んだり、悩んだりしながらも、子どもと真摯に向き合うことを続けていきます。良好な変化があればよいのですが、状況があまり変わらず、時として、自分たちの支援のやり方に疑問をもつことがあります。そんなとき、誰か（保護者、相談機関のスタッフ、出身校の先生など）が、子どもに良好な変化があることを教えてくれると、揺らぎ始めた自分たちのやり方が正しかったような気がして、とてもありがたく思うことがあります。

子どもに良好な変化をもたらす支援は、ケースバイケースで異なりますが、共通することがあります。それは、規則正しい生活をおくること。三食バランスよく食事すること。毎日、学校にいくこと。学園や学校で、周りの大人との適切なやり取りを積み重ねること。夜更かしせず、早く寝ることなどです。これらは、子どもの健やかな成長にとって、当たり前のことですが、この当たり前のことがそのとおりにあることへの安心感が、子どもの成長をうながすのかもしれません。

このなかでも、大人との適切なやり取りを積み重ねることはとても重要だと思っています。落ち込んだり、悩んだりしながらも、自分と向き合ってくれる大人の存在は、子どもに「あなたは大切な人なのだ」のメッセージを送ることになるからです。このメッセージを受けることで、子どもは「自分は大切な人間なのだ」と思う気持ち、つまり、自尊心を回復し、入園後しばらく続いた問題行動もなくなっていくのです。

いわゆる問題行動の多い子どもを支援する際のポイントをまとめると以上なのですが、スムーズに事が運ぶことはほとんどありません。紆余曲折ありますが、地道に、根気よくというのが、このことを支援する際の心構えだといえるでしょう。

七　お金の使い方

お金は国家などによって認められた価値交換媒体で、それをどのように使うかは人それぞれです。ただし、所持している以上のお金を使うことはできませんので、自分が持っているお金の範囲内でやりくりすることになります。

まずは、税金、社会保険料を支払い、家賃、水道代、ガス代、電気代、食費など生活をおくるうえで必要なものにお金を使います。そして、いざという時のための貯えをしてから、欲しいものを買うのが堅実なお金の使い方だといえます。

お金の使い方を身につけるためには、やはり、お金を使う経験の積み重ねしかありません。近江学園に措置されている子どもには、生活訓練費（一二〇〇〇円／月。平成二七年現在）があり、子どもたちはケース担当の職員と相談しながら、お金を使う練習をしています。

お金を使う経験に乏しい子どもは、手にしたお金を使い切るか、全額貯金するか（何を買ってよいか自分で決めることができない場合）、極端な使い方をすることが多いように思います。そんな子どもたちも、ケース担当の職員とあれこれ考える経験を積み重ねるなかで、少しずつ、お金を使うことに慣れ、必要なことにお金を使い、必要なければ貯金する堅実なお金の使い方ができるようになっていきます。

堅実なお金の使い方に慣れてきた子どもたちですが、就職すると、月に一〇万円程度のお給料を、自分が生活するために使わなければなりません。学園で経験した一〇〇倍近くのお金を毎月使うことになり、いきなりハードルが高くなるのが、支援するときの難しいところです。

卒園生のなかには、知人にすすめられるままに、高額商品をローンで購入したり、消費者金融にお金を借りて、風俗遊びを繰り返したなどのお金にまつわる失敗をする人もいます。そのこともあって、近江学園では、子どもたちや保護者に対して、卒園後しばらくは誰かの支援を受けながら、実践的なお金の使い方を練習するよう助言させていただいています。

八　社会的なものを利用する力

ここでいう社会的なものとは、公共交通機関、お店、病院、公共職業安定所、図書館、障害を持つ人に対する支援などをいいます。さきほどの「お金」も、ここでいう社会的なもののひとつになるかもしれません。私たちは、これらを利用する経験を積むことにより、より便利に、快適に使えることができるようになりますが、それは、木工科の子どもたちにも同じことがいえます。

（一）　公共交通機関の利用

家庭の事情が許す生活三班の子どもたちは、作業が終わる金曜日の一六時以降に、自分の家に帰ります。そして、月曜日からの作業に備えて、日曜日の一六時までに学園に戻ってきます（週末帰省）。この週末帰省を、公共交通機関により行うことを、生活三班では、自主帰省とよんでいます。入園してしばらくは、保護者による送迎をお願いしていますが、できそうな子どもから、順次、自主帰省に取り組みます。

この取り組みをとおして、子どもたちはさまざまなことを経験します。電車が遅れたときには、駅構内のアナウンスをよく聞き情報収集することや、自主帰省の練習時に職員から教えられた対応（家庭や学園に電話連絡をいれる）をとること。突然の雨があれば、雨宿りするか、多少ぬれてでも思い切って帰ってくるか判断すること。こうした突然のハプニングに対して、自分で考え対応することは、保護者による送迎では経験できないことです。

（二）　スーパーの利用

生活三班には一八人の子どもたちが生活するメインの生活棟以外に、グループホームを想定した自立生活訓練棟（以下、自活棟）があります。ここでは、子ども四人までが生活でき、それに対して職員一名が支援にあたります。自活棟は、子どもたちにとって、少人数で落ち着いた雰囲気を満喫できるが、少人数ゆえ当番活動が多くいろいろやらないといけないことが多いところ（自立にむけた実践的な生活訓練をするところ）でもあるのです。

生活三班で生活訓練を積み上げた子どもが対象になり、卒園後の生活を見据えた支援を展開しています。そのひとつが、一週間に一度の調理実習です。担当職員と相談しながら準備をすすめ、当日は、近くのスーパーで材料の買出しを行い、自活棟に戻ってきてから調理をします。

スーパーでの買い出しは、いろんな経験を積んでいる子どもが中心となります。スーパーの食料品のレイアウトはどこもよく似ていますので、どこに何があるかがなんとなくわかるのだと思います。一方、経験の乏しい子どもは、動く子どもの様子を後ろでよく見ているか、わからないのに動いて「おまえ、ちがうやろ！」と突っ込まれるかのどちらかです。ただ、経験のない子どもが、こうした経験を積み重ねることで自信をもって動けるようになるのを見ていると、経験することの大切さをあらためて感じさせられるのです。

第六章　仕事力

一　見る力

仕事には、その職種ならではの見る力があります。人と接する仕事であれば、「人を見る力」。プロ野球の選手であれば、時速一五〇キロメートルのボールをとらえる「動体視力」。魚屋さんであれば、おいしい魚を「見分ける力」。鑑定士であれば、本物を「見抜く力」。個人投資家であれば、株の値動きを「見る力」ということになります。

木工科の仕事においても、見る力は必要不可欠です。墨つけをするときは、定規の目盛りをよく見なければいけませんし、機械加工では、墨線をよく見ながら加工します。組み立てするときには、全体のバランスを見なければなりませんし、釘を打つときには、釘をよく見ます。研磨のときには、木の表面をよく見て、小さな傷を探しながら磨いていきます。仕上げのニスでは、塗りむらがないか、かすれていないか、よく見て確認しながら仕事をすすめていきます。

「見る力」の視点から、木工科の子どもたちを評価すると、見る力に優れた子どもにはいろんな仕事をまかせられます。彼らは、よそ見をすることなく、自分の手元を見て仕事しますので怪我の心配がありません。また、確認しながら仕事しますので、正確な仕事もできます。その結果、安全に、正確に仕事を進めることができ、慣れてくれば早くもできるようになります。

逆に見る力のない子どもは、よそ見が多く、自分の手元を見ていないこともありますので怪我の心配があります。また、よく確認もしませんから、間違いに気付きません。そのため、誰かが安全性、正確性においてフォローしなければならず、なかなか仕事をまかせることができません。

木工科にきたころのA君がそうでした。手元を見ずに作業することが多く、安全で正確な仕事をすることが難しい子どもでした。ただ、時計だけはよく見ていて、時間がくれば「先生、できました」と報告にきていました。そういえば、報告するときは主任の顔を見ないのがつねでした。

そんなA君が、めずらしく真剣な表情で、主任の目をしっかりみながら「先生、糸鋸加工をさせてください。がんばりますから」と言うので、彼の意欲を尊重して、糸鋸加工の作業を段取りしたことがあります。A君には少し難しいかもしれないと予測はしていたのですが、墨線を見ないでどんどん切り進めるので、予想をこえた失敗作がどんどんできたことがありました。そのほかに、ボール盤を使えば、墨線から一ミリメートルはずれて穴が開き、組み立てすれば、バランスの悪い便利台が組みあがる。作業後の掃除では、まだまだ掃くところが残っているのに「先生、掃除、終わりました」と、これも主任の顔を見ないで報告していました。A君には「見る」ことを大切にしてほしいとの思いで、以下の点について重点的に支援しました。

・研磨作業では、手元をよく「見て」磨く。
・指示された仕事ができたら、「できました」と報告する前にできたかどうか、自分でよく「見て」確認する。
・機械加工補助では、職員の動きをよく「見て」、考える。
・相手の目を「見て」報告する。
・機械加工では、墨線をよく「見て」作業を進める。
・ニスがぬれたかどうか、自分でよく「見て」確認する。
・組み立て終わったら、全体をよく「見て」抜けがないか確認する。
・掃除のときは、ゴミをよく「見る」。

見ることを中心に職業準備をすすめてきたA君は、三年生になる頃には、よく見て掃除をするようになっていました。作業中は木屑が舞う機械室も、彼が中心になって掃除をするといつも美しい状態になりました。

近江学園には、福祉や教育の仕事を志す学生が実習に来ます。A君が木工科にいた頃、ある実習生が作業棟の入り口で、下靴から上靴に履き替えたことがありました（それほど掃除していたということです）。木工科ではこれを「ほうきを使って上靴を履かせた伝説」といい、仕事をするうえで見ることの大切さとあわせて、彼の後輩に語って聞かせるようにしています。

二　聞く力

聞く力には、その職種ならではの音を聞き分ける力、絶対音感、動物の鳴き声を聞く力などがありますが、どの仕事をするにも必要になるのは人の話を聞く力です。木工科ではこのことについて、その姿勢に着目した支援を展開しています。

九時三〇分からの作業打ち合わせは、子どもたちの聞く姿勢を確認してからはじめます。ここでいう「聞く姿勢」とは、姿勢を正して、話をしている人の顔を見ることです。これを整えると聞く力が機能しはじめますので、それができたかどうかを確認してから作業打ち合わせをはじめるわけです。

聞く力が機能しはじめると、あわせて考える力も働きはじめます。その日の予定を子どもたちに伝えていると、子どもから質問が返ってくることがありますが、その内容から聞く力と考える力が働いているかどうか評価することができます。また、指示された仕事内容は、作業日誌に記入することになっていますが、これは聞いたことを見る状態にするためでもあるのです。このように、木工科では見る力や考える力と連動させて聞く力を支援するようにしています。

作業打ち合わせは一〇分程度ですが、慣れないうちは聞く姿勢が崩れることがあります。そのことを指摘し、改める繰り返しのなかで、子どもたちは、人の話を集中して聞く時間を少しずつ長くしていきます。

作業中も、主任は子どもの聞く姿勢を確認し、できていなければ修正します。作業に追われているとルーズになることがありますが、そうならないように支援したいものです。そして、このかかわりは、作業終了まで続きます。指示の聞き間違い、連絡事項の聞き漏れがおこるのは、仕事に追われたときだけでなく、疲れているときにもおこります。一五時五五分からの終礼の時間は、一日のなかでも一番疲れて集中力が落ちるときですが、そんなときこそ聞く姿勢を正すことが大切になります。


こうしたことを積み上げることにより、子どもたちは聞く力を身につけていきます。この力に木材加工の経験がプラスされると、機械音の微妙な違いに気づいて「先生、ルーターの音がいつもと違うのですが、故障ではないでしょうか?」と言えるようになります。こうなると、どの職業にも必要な人の話を聞く力だけでなく、木材加工に関する専門的な聞く力も身についてきたといえるのです。

三　考える力

考える力とは、それまでに培った知識や経験を自分のなかで再構成して、見通しを持ったり、予測したり、新しいアイデアを考えたりする力のことをいいます。この力を発揮するためには、そのもとになる知識と、それをもとに考える経験が必要となります。

たとえば、営業マンであれば、商品に関する知識。数学者には、数学の知識。そして、私たちには、知的障害をもつ人たちに関する知識が必要となります。考えるもとになる知識がないと、「考えろ」と言われたところで、考えることはできません。

また、営業マンには、実際にお客さんとやりとりした経験。数学者には、数学の問題を考えた経験。そして、私たちには、知的障害をもつ人たちを支援した経験が必要となります。考える経験に乏しいうちは、何をするにも時間がかかりますが、考える経験を積み重ねていくうちに、短時間で質の高い思考ができるようになっていくものです。

考えることについての木工科の支援は、知識を教えるところからはじまります。仕事で使う知識は机上で教えても身につきませんので、具体的な場面でひとつひとつ丁寧に、繰り返し教えるようにしています。

・機械加工作業ではよく見ること。そして、仕事の終わったものと終わっていないものを整理しながら行うこと。ほとんどの人が右手で道具を扱い、左手で部材を操作することから、仕事が終わっていないものは左、これから仕事に取りかかるものは自分の前、仕事の終わったものは右におくと仕事がすすめやすい。
・磨く作業は、磨くもの、場所、用途によって三種類の道具を使い分けること。
・ニスは、ニス膜を整えるために、筆につけるニスの量と塗布面積が同じになるように行うこと。
・仕事のよしあしを考えるときは、安全、正確、速度の基準を使うこと。

こうした知識を教えながら、自分で考える経験を支援します。たとえば、作業中に子どもが「先生、これ、どうしたらいいですか?」と質問に来たときは、子どもに考えさせるチャンスです。考える経験を積んだ子どもに対しては「君はどうしたらいいと思いますか?」と聞き返して、まずは子どもに考えさせるようにします。また、考えることに慣れない子どもには「Aという方法と、Bという方法があるけれども、どちらがいいと思いますか?」と聞き返して、少し考える負担を減らしたうえで、やはり子どもに考えさせるようにしています。

考えることを苦手とする子どもは、こうした「考えることと向き合う」ことを嫌がります。こちらとしては、考えることが苦手な子どもほど、考える力をつけてもらいたいので「どう思う?」「どっちがいいと思う?」と聞きたくなりますが、逆効果です。考えさせようとすればするほど、「べつに」とか「どっちでも」と言って、ますます考えなくなります。こういうタイプの子どもには、考えることだけをさせるのではなく、見ることや聞くことと連動させて考えさせるようにしたいものです。

木工科には、木を製材し、寸法どおりにカットする工程があります。主任は、手押しカンナ、自動カンナ、昇降盤といった木材加工用機械を使い、子どもは、主任の指示のもと、部材の受け渡し、製材、カット後の掃除などの補助を行います。この工程では、子どもたちに、主任の動きをよく見ることと、主任が次に何をするのか予測しながら動くことを求めます。そうすることで、「見る力」と連動させて、「考える力」を発揮させるわけです。
考えることが苦手な子どもたちも、補助作業に慣れてくると「○○をとってきてください」といった主任の指示に対する反応がよくなります。これは、子どもが主任の動きを見ながら、次の動きを予測しているからです。慣れてくると、主任が指示をださないようなことに対して、サッと補助の手がでるようになります。まさに「痒い所に手が届く」状態です。こうなると、機械加工をする主任の負担はずいぶん減り、子どもに考える力が育ちつつあることを実感するのです。

働く場所では、学校のように教え導いてくれる人（先生）はいません。上司や先輩は仕事を教えてくれますが、あくまでも彼らの仕事の合間をぬって行われるにすぎません。これは、障害があってもなくても同じです。障害をもつことによる配慮はありますが、基本的には自分で考えて仕事することを求められます。考える力をもった人材は、今後も必要になってくるでしょう。私たちは、これからも考える力をもった人材を育てるための方法を模索していきたいと考えています。

四　感じる力

私たちは、起床して体調の悪さを感じたとき「なんとかなりそう」な感じであれば出勤しますが、「十分なことができそうにない」感じであれば会社を休みます。また、私たち指導員は「A君の様子がおかしい」と感じたら、いつも以上に気にかけますし、営業マンは「いける。売れそうだ」と感じたら、あの手、この手をうつものです。

私たちは自分の行動を決定する際、自分の感じるところに頼ることがあります。このとき、間違った決定をしないためにも、その根拠となる自分の感性を日頃から研ぎ澄ませておきたいものです。

日常生活のなかには、五感を使う機会がたくさんあります。朝食の味噌汁の香り。たきたてのご飯から湯気がぶわーっとあがるのを見ること。草木が芽吹く春のにおい。梅雨の時期のしめった感じ。プールの塩素や、除草作業した後の草のにおい。秋に出る栗ご飯、秋刀魚の味。お風呂にゆっくり入ってほっこりすること。冬の冷たい風。そして、桜と春の風。

近江学園では、こうした意識しないとやり過ごしてしまいそうな機会を子どもと共に感じることを大切にしてきました。そして、これからも大切にしたいと考えている職員は多いと思います。

木工科の活動をとおしても、子どもたちと共感する機会はたくさんありますが、私が個人的に好きだったもののひとつが、檜の香りです。檜は、ヒノキ科ヒノキ属の針葉樹で、加工が容易なうえに緻密で狂いが少なく、確かな知識と技術によるヒノキの建築は一〇〇〇年を超える寿命を保つものがあります。

木工科でも、檜をテーブルやベンチ、スツールといった製品の原材料として使用することがあります。機械加工が終わったあとに部材を鼻に近づけて、子どもに「これが檜のにおいや。どうや?」と聞きます。「ええにおいやな」と言う子どももいれば、「なんかきついにおいやな」と言う子どももいてそれぞれです。

こうした共感による支援をするためには、職員自身が、自分の感じる力を研ぎ澄ませておく必要があります。感じる力は、強い刺激や人工的な刺激に慣れると、鈍っていきますから、日常生活からそのことを心がけておきたいものです。

たとえば、食べ物は保存料、添加物を含まないもの、無農薬で作られたものをしっかり味わって食べる。人工調味料を控え、天然の素材で味付けし、素材の味をしっかり感じる。夏は冷房、冬は暖房を控える。暑ければうちわを使い、寒ければ布団にくるまって早く寝るといったことです。

人工的なものを使わずに生活するためには、手間暇がかかります。忙しいと人工的なものに手をのばしてしまいますが、そうではない心の余裕というのも、感じる力を研ぎすませるためには必要なのかもしれません。

子どもは、それぞれのペースで成長していくものです。それを感じ取れているときはよいのですが、感じる力がにぶっていると、それを実感することができず、子どもを育てることになんだか疲れを感じることがあります。そうならないためにも、日ごろから感じる力を研ぎすませて、子どもの微妙な変化を感じ取ることができる大人になりたいものです。

五　働く手

この世の中に存在する価値あるものは、専門職の働く手によって生み出されます。たとえば、喫茶店のマスターはパンにチーズとハムをはさんでおいしいサンドウィッチをつくり、営業マンはパソコンを操作してプレゼンテーション用の資料を準備します。また、野球選手は巧みなバットコントロールでヒットを量産し、保育士は「いたい」と泣く子どもの頭をやさしくなでながら傷薬を塗り、金属加工の職人は金属を削って機械部品をつくるなど、その働く手で価値あるものを生み出していきます。

木工科では、こうした働く手は、価値あるものを生み出すこと、つまり、働く経験を積み重ねることによって育まれるという考えのもと、このことについて支援をしていきます。主任は作業の各工程で子どもたちに様々なことを求め、子どもたちはそれにこたえていくうちに自らの手を働く手にかえていきます。

（一）機械加工における働く手

ボール盤は穴をあけるための道具です。使用する際は、目印と、ビットの先端をあわせるために、部材を持つ手の細やかな動きが必要になります。ドリルの先端が部材にふれる際には、木が暴れないように、手で部材を力強くおさえる必要があります。穴の大きさはビットの交換で対応します。その際には刃で手を切らないように、慎重な手の動きが必要になります。

糸鋸は木を切断するための道具です。墨線を見ながら、手の動きを連動させなければなりません。切り進めるときには、部材をおさえるために下に力をいれながら、切断のために前にも力をいれる、二方向への加重が必要となります。また、木材の種類、厚さ、墨線の具合によって力の入れ加減が微妙に異なります。

ベルトサンダーは木を削るための道具です。力を強めに加えると勢いよく削れ、弱めに加重すると少しずつ削れていきます。加重の微調整が利く手は、きれいな仕事をしていきます。

（二）組み立てにおける働く手

インパクトドライバは穴を開けたり、ねじを締めたりするための電動工具です。利き手でインパクトドライバを垂直に保持しながら下に加重し、あわせてＯＮ、ＯＦＦの操作を行います。利き手のやることが多いので、もう片方の手はそれをサポートしなければば上手くいきません。

玄翁《げんのう》は釘を打つときに使用する道具です。もち手を長くもって、テコの原理を利用して釘を打ちます。釘をよく見ることと、正確に釘を打つ手の連動が必要となります。

ねじを隠すダボは、使う前にペーパーで先を削って下準備をしておきます。このとき、ダボをポロポロ落とすのは、指先の力が十分でないからです。細かいものを保持しながら、細かい加工をする手で安定的に下準備をしたいものです。

（三）研磨における働く手

研磨はペーパーを使います。木工科では120＃、180＃、240＃、280＃、320＃、400＃、600＃の七種類のペーパーを使います。素地の状態をよく見ながら、適したペーパーを選択し磨いていきます。荒いペーパーを使っての素地調整は力強い手の動きが、細かいペーパーではやさしい手の動きが必要です。また、磨いたか磨いていないかを、見るだけではなく素地にふれることで確認します。このとき、手が第二の目としての役割を担います。

（四）ニス塗りにおける働く手

ニスを上手く塗るためには、筆を運ぶ手の動きがしなやかで、柔軟であることが必要になります。最後の仕上げをやるという責任感に耐えうる手でなければつとまりません。

主任は、こうしたことを子どもに求める一方で、「教えることは見本を示すこと。そのためには、正確な知識と確かな技術を持ち合わせておくこと。また、頭ごなしに教え込むのではなく、本人をやる気にさせて覚えようとするのを助けてあげるという姿勢が大切。技術というのは簡単には身につくものではないので、日々の繰り返しの中で気長に取り組むこと[*9]」を実践してきましたし、これからも続けていきたいと考えています。

＊9　宮城多男由（1996）松田先生に思いを寄せて『南郷第24号（創立50周年記念号）』229ページ

六　報告・連絡・相談

報告・連絡・相談は「ほう、れん、そう」ともいわれ、職場における基本的なコミュニケーションスキルです。木工科では、実際の職場に近い環境を整えることで、より実践的な報告・連絡・相談についてのスキルが身につくように支援をしています。

(一)　報告する力

報告は、仕事の状況（結果、途中経過、トラブル等）を上司に知らせることです。難しい仕事が終わったときの報告は意気揚々とできますが、トラブルや失敗に関するものは、多くの人が報告のしにくさを感じることでしょう。上司が忙しそうなときは「お忙しいところすみません。ひとつ報告したいのですがよろしいですか」と一言おくと丁寧な印象を与えます。また、口答ではなく報告書という形をとるときは、職場の様式を踏まえたうえで作成することが必要となります。

このように報告にもいろいろありますが、木工科では、指示された仕事が終わったときに「指示された仕事が終わりました。次は、何をすればよいですか？」と、主任のところに言いに来ることを報告の基本としています。主任は、子どもたちが報告しやすい雰囲気づくりにつとめ、報告を受ける際にはその態度にも気を配ります。そのうえで、実際のモノづくりの流れのなかで実践的なやり取りを支援しています。

たとえば、子どもが報告しようとするタイミングで、主任が自分の担当工程に取り組んでいる場合がそうです。主任が、木材加工用機械に取り組んでいるときは、余裕のある表情はしていませんし、時間に追われていたら険しい顔で取り組んでいることもあります。それを見て「うわ。吉田先生、怒っている」と思って、報告できず、かといって次に何をしてよいのかわからず、うろうろしているようでは困ります。また、機械を使っている主任の背中をポンポンとたたいて報告しようとするのも、危ないのでよくありません。この場合、機械を使っている主任の視界に入るところ（かつ、安全なところ）に立って、主任が機械を止めるのをまってから報告することになります。

（二）　連絡する力

連絡は、予定や情報を、関係者に知らせたり、受け取ったりすることです。職場によって連絡の方法は異なりますが、近江学園では交代制勤務をしている関係上、書面による連絡をよく使います。私たちは出勤すると、それまで勤務している職員から口答で引継ぎを受けながら、朝礼簿、業直日誌、備忘録に目をとおします。勤務中は、自分が知りえた情報を他の職員に伝え、その時勤務していない職員のために、業直日誌や備忘録などにそれを記入します。

連絡は、他の人に伝える情報がなければ、発信する必要はありません。また、情報をもっているとしても、その内容によって、誰に行うか、どういう方法（口答か書面か）をとるか、決まったパターンがありませんので、その都度、個別に支援することになります。

たとえば「五月三〇日の一〇時からハローワークに行くので、午前の作業を休みます」と主任のところに報告にきた三年生のA君に対しては、その内容を朝礼でみんなに知らせるように伝えます。就職活動のためとはいえ、作業を休むことを仲間に知らせることは大切なことだからです。木工科の朝礼では、主任が連絡事項を伝えたあとは、子どもに対して「そのほかになにか連絡はありますか？」とたずねるようにしていますので、A君は、このタイミングで作業を休むことをみんなに伝えることになります。

朝礼における連絡のほとんどは主任から子どもに対して行っているため、A君が全員に連絡するのは、子どもたちにすれば新鮮な出来事となるようです。なかには、そのことを茶化す子どもがいますので、そのときはビシっと注意をしなければいけません。なぜなら、子どもたちの連絡する力を育むためにも、自分の発言を仲間が聞いてくれるという安心感はとても大切なことだからです。

(三)　相談する力

相談とは、わからないことがあった時に、上司や先輩、同僚の意見を聞くことをいいます。「私は、こう考えているのですが、どう思いますか?」と、自分の考えをもとにした相談もあれば、自分のなかに考えがなく、「わかりません。どうしたらいいですか?」と教えを請う相談もあります。いずれにしても、わからないことや困ったことは、それを発信してはじめて、他の人に伝わります。

木工科では「わからないことは、そのままにせず、先生に相談しましょう」としていますが、なかには「先生、わかりません」と言えない子どもがいます。このときの子どもの内面は複雑です。困っているけど解決できない心理的葛藤があります。この葛藤を抱え続けることは容易ではなく、子どもたちは、表情の悪さ、イライラした様子、乱暴な態度や言葉使いなどで自分の困り感を表現しようとします。これらは思わず叱りたくなるようなものばかりですが、子どものこうした表現の仕方に惑わされてはいけません。子どもの困り感に思いを巡らしながらの個別対応と、ひとつひとつ丁寧に、そして、気長な対応を心がけたいものです。

こうした地道な取り組みが功を奏して、わからないことや困ったことを、自分から発信できるようになると、次は、より実践的な相談する力を実際のモノづくりの流れのなかで支援していきます。

仕事のやり方に関する相談（「うまくできないがどうしたらいいか?」「このやり方のほうが上手くできるのだが、このやり方で行ってよいか?」「やり方がわからない」）には、子どもの力にあわせた対応を行います。たとえば、ニスを塗り始めた一年生のA君が「先生、うまくできないのですが、どうしたらいいですか?」と相談にきた場合は、A君には自分で考えるだけの経験も知識もありませんから、主任はA君が上手くできるように導いていきます。

また、実習前の面接を終えたB君が仕事の休憩時間に、「先生、N社まで、自転車でいった方がいいですか?歩いていった方がいいですか?」と尋ねてきたとします。休憩時間に相談するのは、タイミング的にはよいのですが、実習を控えたB君の考える力があれば、自分の考えをもっていなければいけません。そんなときは「あなたはどう思いますか?」と、逆に質問をすることでB君の考える力に働きかけます。

仕事のモチベーションにかかわる相談「作業が楽しくない」「なんとなくしんどい」「仲間とうまくいってない」は、キャリアアップミーティングや個別の面談を設定するなどして、解決にむけてかかわります。また、生活に関する相談「生活でストレスがたまっている」「親とうまくいってない」「次の帰省は、今週末にしたい」は、作業時間以外で話を聞くようにします。仕事に関する相談とプライベートに関する相談は、その扱いを分けて、公私の区別がつくようにかかわります。

相談するということは問題解決方法のひとつで、わからないことや困ったことを誰かと考えることでもあります。このことを支援するということは、「考える力」や、「わからないことや困ったことと向き合う心の強さ」を育てることでもあると考えています。

七　安全・正確・速度

安全・正確・速度は、木工科における仕事のよしあしをチェックするポイントです。主任は、安全にできているか、正確にできているか、早くできるかの視点で子どもの仕事ぶりを確認し、不十分なところは、その都度、具体的な場面をとりあげながら支援をしています。

(一)　安全

安全・正確・速度のうち、まず確認すべきは安全です。安全を欠いた結果、怪我をしたということになれば、多くの人がその影響を受けることになります。怪我をした当事者は痛いですし、入院となれば、その間は、仕事を休まなければいけません。家族は、そのフォローを、同僚はその人の仕事をカバーしなければなりません。

木工科では、新規入場者に対して、スイッチを押す、機械にさわるのは主任の指示のもと行うことなどを中心とした事前教育を行っています。また、作業中はすべての作業者の姿勢を確認し、悪ければ指導します。人は疲れてくると、楽な姿勢に流れていくようで、座位であれば肘をついたり脚を組んだり、立位であればテーブルにもたれたり片方の足に体重をかけたりします。こうした姿勢では、モノづくりにむかう気持ち（集中力）もゆるみますから、当然、安全性も下がってしまいます。

そこで、座位であれば、両方のお尻に均等に体重をかけること、また、身体にあった椅子（木工科には、高さや座板の面積が異なる椅子があります）に座るよう指導をしています。なお、こうした姿勢は美しく理にかなっており、安全に正確に作業することができ、慣れれば早くすることも可能です。また、非常時には俊敏に動くことも出来ますから、いざというときの備えにもなります。

木工科は設立以来六〇年、大きな事故なくやってきました。ハインリッヒの法則によると「重大事故の影に三〇倍の軽度事故と、三〇〇倍のニアミスが存在する」といいます。子どもが職業準備するところにおいて、重大事故は絶対に防がなければなりません。そのためにも主任自らが安全第一の気持ちをもって作業に取り組んできましたし、これからもその姿勢をもって子どもたちの安全意識を高めていきたいと考えています。

〈木工科におけるヒヤリハットの事例　平成二〇年〜二四年の五年間〉

・木材を切断している途中に、昇降盤のチップ片（大きさ二ミリメートル程度）が飛んできて、私の額と耳の下に直撃した。目に当たっていたら失明の可能性もあった。

↓これ以降、昇降盤を使用するときは、ゴーグルを着用するようにしている。

・機械の動きを見ながら、箱の中に入った廃材を取ろうと右手を入れると、激痛が走った。思わず手をひいてしまったところ、右手親指の爪に、とがった廃材の破片が一センチメートル程度、入り込んでいた。自分で抜くにはあまりにも痛かったので、通院し、麻酔注射三本打ってもらってようやく抜くことができた。↓これ以降、廃材を手にとるときは、よく見て行うようにしている。

・バンドソーの使用中に、帯のこ刃が切れたと同時に、前カバーに接触し、大きな音がなった。使用者に大事はなかった。↓これ以降、バンドソーを使用しないときは、帯のこ刃を緩めるようにしている。

・長年使用していたはしごを使っている最中にストッパーがはずれ、三メートルの高さから落ちそうになった。↓この事案があってから、このはしごは破棄することになる。

・使用中の集塵機が突然、燃え上がった。非常ベルをならし、学園全体に応援を要請。消防車も出動する騒ぎとなった。集塵機の袋が激しく燃えたのみで済んだのが不幸中の幸いだった。集塵機が、冬季に使用するだるまストーブの火種を吸い込んだことが原因。↓この事案の後、だるまストーブを破棄し、業務用ファンヒーターを設置した。

（二） 正確

安全・正確・速度のなかで安全は確かに大切ですが、それだけでは十分ではありません。「安全にできましたが、長さが微妙に違います」とか、「怪我なくできましたが、ちょっと隙間があります」では、仕事とはいえません。安全に正確にできてはじめて、仕事として認められます。これは、自分たちがつくったモノに値段をつけて販売してみると実によくわかります。

私はこれまでに何度も木工科の製品販売の現場で、来場くださった方の様子を見てきました。真剣な表情で、製品を手に取り、重さを確認されている方。キズがないか見て、平らなところでカタカタしないか調べておられる方。遠目に見て、デザインを確認されている方。お友だちの意見に耳を傾けている方。遠めに見ながら、腕を組んで考えている方などは購入を検討されています。買ってもらうということは、こうした厳しい審査で認められるということなのかもしれません。

購入を決められた方は、レジのところで「とても素敵な椅子なので買わせてもらいます」と審査結果を教えてくださいますが、購入しない方がその理由を教えてくださることは、ほとんどありません。

しかし、それは最後に売れ残った製品が教えてくれます。売れ残った製品には、移動の途中でついたと思われるキズがあるとか、平らな面におくと、カタカタするといった不具合があります、私はこれを、「お金を出してまでの価値がないから買わない」という無言のメッセージだと考えてきました。木工科では、この現実を子どもと共有することを大切にしていますが、それは、正確性への意識を高めるためでもあるのです。

(三)　速度

安全性と正確性のふたつをクリアすれば、ひとまずは価値あるものを生み出したといえます。しかし、会社は価値あるものを売り、そこで利益をだすことを考えなければなりませんので、従業員は安全で正確なものを、効率よく生み出すことを要求されます。つまり、速度への意識が必要になってくるのです。

これは「はやく」と言ってせかして、身につくものではありません。安全性と正確性を突き詰めた、無駄のない動きの積み重ねによって身につくものです。木工科では、その実践的なモノづくりの流れのなかで、具体的な場面をとりあげながらこのことについて支援をしています。

・だらだらした動きであれば、キビキビ動く。
・片手で荷物を持っているのであれば、もう片方の手が遊んでいるわけですから両手で持つ。
・特に整理する必要のないところで整理しているのであればやめる。

第七章　豊かな心

一　自己統制力（セルフコントロール力）

近江学園では、子どもが落ち着いている日もあれば、不安定な日もあります。その原因はさまざまですが、ときとして勤務する職員の組み合わせによることもあります。どの人の言うことを聞いたらよいかを見極めることも処世術だとすると、こうした態度も、子どもたちの社会性を示すものといえるかもしれません。しかし、この傾向が極端な場合は「自分の行動や感情を、特定の職員にコントロールしてもらっている」ことになりますので、私たちは自分たちの支援を振り返って考えてみる必要があります。

ここでいう自己統制力とは、自分の行動や感情を自分自身でコントロールすることをいいます。「もう少し寝ていたい」という気持ちと葛藤しながら、起床すること。朝食をとり、身支度を整えることをとおして、仕事にむけた気持ちをつくっていくこと。仕事では不安や、緊張、イライラした気持ちなどを自分の中で処理しながら取り組むこと。そのために、深呼吸やストレッチ、同僚に愚痴るなどの方法を使うこと。仕事が終われば、緊張した気持ちをゆるめ、夜、寝るときに一番リラックスした状態になることなどは、この力の働きによるものです。

この力が弱いと、「もう少し寝ていたい」と思う気持ちに負けて遅刻する。仕事にむけた気持ちづくりが甘いため、緊張感のないまま仕事をはじめる。仕事でイライラした気持ちを上手く処理できず、同僚に八つ当たりする。人によって極端に態度をかえる。仕事上の葛藤をうまく処理できず、ストレスがたまる。仕事を終えて家でくつろいでいるはずなのに、いつまでも仕事のことが頭から離れないといったことがおこるため、うまく職業生活を営むことができません。

木工科では日々の作業のなかで、子どもたちに自分の行動や感情は自分でコントロールするように話をしながら、「注意集中」「緊張とリラックス」「感情」といった自己の内面を操作する取り組みを展開し、このことについて地道な支援を行っています。

（一）　注意集中をコントロールする力（集中力）

注意集中をコントロールする力は、仕事するときは仕事する、勉強するときは勉強する、遊ぶときは遊ぶことができる力をいいます。この力が十分でないと、仕事の最中に遊ぶことを考えるなど、集中して目の前のことに取り組むことができません。

食事中のテレビは、テレビを見ることに注意が向くため、食べることに集中することができません。また、掃除中の考え事は、考えることに注意が向くため、汚れを見る力や働く手を一〇〇パーセント働かせることが難しくなります。運転中の携帯電話の操作は、携帯電話に注意が向くため、前方にむける注意力が下がりますし、彼女の話を上の空で聞いていると、別の考え事に気持ちが向くため、「私の話を聞いていないでしょ」と怒られてしまいます。

集中して何かに取り組むことはとても大切なことですが、この力は一足飛びには身につきません。最初は短い時間からはじめ、少しずつその時間を長くしていきます。食べながらテレビを見る、ラジオを聴きながら勉強するような環境は、この力を身につけるのにふさわしくありません。子どもの集中力を育てようと思うのであれば、子どもたちが食べること、勉強すること、歯を磨くこと、洗体すること、着替えることなどに集中して取り組むことのできる環境をととのえてあげたいものです。

木工科では、子どもたちが、見ること、聞くこと、感じること、手を働かせることなどに集中できているかを確認し、不十分であれば、それぞれ個別に対応するようにしています。たとえば、気持ちが迷いやすい、作業中にふと別のことを考えがちな子どもには、集中して取り組みやすい作業を割り当てるなどの配慮をします。特に、機械加工は変化がわかりやすいので、こういうタイプの子どもでも集中して取り組みやすい作業ではあります。ただ、見る力や働く手が一定のレベルにないと怪我をすることがありますので、子どもの全体的な力を把握した支援が必要となります。

最初から、注意集中をコントロールすることが上手な子どもはいません。集中力が途切れ、「これはいかん」と注意をモノづくりに向ける。そして、調子がいいときは、休憩時間まで集中を持続させ、「おっ。A君、今日は調子いいね」と評価される。こうした地道な積み重ねにより、子どもたちは集中力の質を高め、その持続時間を少しずつのばしていきます。

集中力をうまく発揮している人の立ち居振る舞いは、とても美しく感じられます。一球入魂のピッチャー。一心不乱に踊るダンサー。一筆集中の書道家。画面に集中するエンジニア。一点を見つめ、ミリ単位の加工をする建具士。子どもを見つめる先生のまなざし。お客様と笑顔で接する販売員は、みんなそれぞれ美しく、絵になります。それは、彼らによって生み出される価値が優れていることと、もうひとつは、集中している彼らの頭のなかには雑念がなく、すっきりした状態であり、それが立ち居振る舞いにあらわれているからだと思います[*10]。私自身、そんな人を惹きつけるぐらいの集中力をもちたいと思いますし、そのためにも、仕事だけでなく、日々の暮らしのひとつひとつのことを丁寧に、そして、集中して取り組まなければいけないと思っているのです。

＊10　この考え方は、小池龍之介氏の著書『考えない練習』（小学館　２０１０）を参考にしています。

（二）　緊張とリラックス

私たちは、起床してから、着替え、洗顔、朝食などをとおして覚醒し、出勤する時間になると、仕事にむけてやや緊張した心持ちになっていきます。仕事が始まると緊張状態が優位となりますが、休憩を挟むとその緊張も少しゆるみます。そのため、休憩が終わると気持ちを引き締めてから、仕事に戻らなければなりません。仕事が終わると緊張もゆるみはじめ、帰宅、夕食、入浴などをとおして、徐々にリラックス状態が優位になっていきます。そして、寝ているときが一日のなかで一番リラックスした状態となり、次の日の朝を迎えるわけです。

この力がうまく機能していないと、緊張すべき場面で緊張した心持ちになれず、仕事する時間になっても、表情がゆるんだり、ぼんやりしていて反応が鈍かったり、なかなか仕事に集中することができません。逆に、リラックスすべき場面で緊張した心持ちが続くと、無駄に緊張することになりますから非常に疲れやすくなります。

木工科の子どもたちが生活する三班では、起床してから作業に行くまでに、洗顔、着替え、朝食、片付け、歯磨き、掃除とさまざまな日課があります。支援者は、子どもたちがこれらのことに取り組むのを確認しながら、不十分であれば見本を示し、自分で確実にできるよう支援をしています。これは、子どもたちの生活スキルを高めるために支援していることですが、行動を整えることで気持ちを仕事にむけて緊張させていくためでもあります。

顔を洗ってさっぱりする。寝癖をなおす。歯を磨く。シャツがズボンからでていたらいれるなど身支度を整えていると、子どもの気持ちは自然と緊張した状態に切り替わっていきます。この時に、「いつまでも生活モードではいけないよ」「作業に向けて気持ちを切り替えましょう」と声をかけ、気持ちを切り替えるということがどういうことか感覚的につかめるように支援します。

このことを積み上げることで、子どもたちは緊張すべきところで緊張するようになり、仕事にむけて気持ちを切り替えることがどういうことかを理解するようになります。こうした基本的な部分を向上させながら、子どもたちは日ごろの生活や作業のなかで、緊張した心持ちをリラックスさせることや、次の「感情」をコントロールすることなどに取り組みます。

(三)　感情をコントロールする力

私たちは、うれしい気持ちになったり、悲しい気持ちになったり、怒ったり、悲しんだり、様々な感情を抱きながら生活をしていますが、それは、近江学園の子どもたちも同じです。宿泊行事を前に楽しみで眠ることができない。木工科の作業で失敗して落ち込む。友だちにバカにされ、腹が立つ。女子実習生が入り、テンションがあがる。なぜかわからないけど、腹が立つ……。こうした心の動きは、思春期ということもあってさらに大きく揺れ動き、時として自分でコントロールすることが難しくなることがあります。特に、怒りの感情をうまくコントロールすることができないと、暴言や暴力といった好ましくない行動としてあらわれ、周りに与える影響も大きくなります。私たちは、こうした問題行動に振り回されず、その原因である子どもたちの感情をしっかりつかみながら、このことについて支援を展開しています。

うれしい気持ち、楽しい気持ちといった「快」の感情は、共感を基本とした支援を展開します。「快」の感情には、心地よい感じ、ほっとする感じ、リラックス、幸福感、安心感などがありますが、これらを子どもと共有すると、支援者も心が満たされますので、支援することに対する精神的な負担はほとんどありません。

しかし、怒りの感情をはじめ、「不快」な感情を支援するためには、多くの精神的エネルギーを使います。このときの子どもの行動としては、キレる、自傷、暴言、他害などがあり、これらは、生活を共にする他の子どもや支援者に、強い緊張や不安、恐怖心を抱かせます。

作業中に、突然「うざい。うざい」と言い、爪を噛み始めた子どもがいました。こちらが何を聞いても「うざい。うざい」と繰り返し、そのうち、つくりかけの部材を投げ出しました。突然のことに、こちらもびっくりしたのと、「今までみんなで作ってきたものを投げやがって！」の気持ちを抱きながら、子どもと向き合っていると、以前より彼は、自分の仕事を比較的能力の高い後輩にバカにされていたことがわかりました。面談のなかで「バカにされてくやしかったんじゃないの？」というと、彼は涙を流しました。

このとき感じたのは、「不快」な感情はためこむとやっかいということです。ためる前に処理をすることが大切なのだと思います。彼は後輩にバカにされ、なんとなく不全感を感じていたようですが、それが「くやしい」気持ちであるということと結びつかなかったので、誰にも話すことなくため込んでいったようです。自分の気持ちが「くやしい」という言葉と結びついていたら、職員とのやり取りのなかで話をすることができたかもしれませんし、そうすればため込む前に、もやもやした気持ちを処理することができていたと思います。

キレて暴れる子どもは、「不快」な感情を言葉にできず、ため込む傾向があるように思います。ただ、このことに早く気付いて対応することは難しく、暴れてから対応することになりがちです。暴れた子どもと向き合うことは大変ですが、それでも、その都度、子どもの話を粘り強く聞き、子どもがどのような感情をため込んで爆発させたのか一緒に考えることを繰り返すしかありません。この地道な積み重ねこそ子どもの感情の言葉を増やし、ため込む前に処理する力を育てることになるのだと考えています。

あと、彼らは、私たちにとってなんでもないようなことに対して、ものすごく緊張したり、不安を強く感じたりする傾向があるように思います。緊張や不安を強く感じると、それだけで精神的エネルギーを消費しますから、彼らはよく疲れを訴えます。疲れると、自分の能力を十分発揮することができません。当然、感情をコントロールする力も落ちますので、イライラや怒りの感情が行動としてあらわれやすく、その結果、暴言や暴力となると考えられます。彼らは、はじめての実習や就職面接、卒園前などはよく荒れるのですが、緊張や不安を強く感じすぎてのことなのかもしれません。

私たちは、こうした子どもたちに対して、緊張をほぐす、ゆるめることにつながる行動を具体的に示していきます。

・人が一番ゆるむ状態は、寝ているときですから、早めに休ませる。
・お風呂にゆっくりつかると、心身共によくゆるみますので、そのタイミングで、子どもが強い緊張や不安を感じていることは、実はたいしたことがないということを何気ない会話のなかに入れる。
・精神科医師に相談して、薬を処方してもらう。

いずれの方法もすぐにどうこうなるものではありません。支援者はもどかしさを感じますが、それ以上に子ども自身がしんどさを抱えているということを頭に入れながら、丁寧に、地道にというのが、このことを支援する際の心構えといえるでしょう。

二　意欲

意欲は、積極的に何かをしようとする気持ちであり、人を動かす原動力でもあります。このことを育てることこそ、人を育てることといっても過言ではありません。

近江学園の設立に携わった田村一二先生は、意欲の育みについてこのようにおっしゃっています。「意欲を、日常生活のなかで、社会的、感覚的に正しく方向づけることが、意欲発生の教育なのである。その方法としては、体をとおして指導する作業が適当と思われる。さらに、それぞれの子供が、自分に応じた仕事をやって、それが、みんなとつながって、自分の存在価値も認められる。そして続けるうちに、次の段階に進むこともできる。そういう内容をもった作業ならすばらしいと思う。そういう点から、この子らにさせる作業を選ぶときは、よく考えてみる必要がある*11」

木工科では、子どもたちの作業に木を使ったモノづくりを採用し、「この仕事をしたい」、「与えられた仕事をうまくやりたい」、そして、「就職したい」と思う気持ちを正しい方向に導くための支援をしています。

＊11　田村一二（1982）解説『糸賀一雄著作集Ⅱ』日本放送出版協会　499ページ

（一）「この仕事をしたい」と思う気持ち

「この仕事をしたい」と思う気持ちは、たとえば木工科では、「糸鋸を使ってみたい」「ベルトサンダーを使ってみたい」「角のみを使って、ホゾ穴をあける仕事をしたい」「大きなテーブルを研磨して、きれいにしたい」といったものになります。木工科の子どもたちは、こうした意欲がわいてくると、それをいろんな形で表現します。

ある子どもは「先生、ボール盤を使ってみたいです」と言い、別の子どもは「先生、この仕事（ルーター加工）は誰がするのですか？（ぼく、やってみたいです）」とアピールします。また、仲間のやっているのを「自分もその仕事をやってみたい」という表情で眺める子どももいて、子どもたちの表現はさまざまです。ただ、それがいつもわかりやすいものばかりとは限りません。

子どもの反応が悪いと、こちらも不安になってアレコレしてしまいますが、逆効果であることが多いように思います。意欲は、他人が引き出すものではなく、心身とも健康であれば自然とわいてくるものです。私たちにできるのは、意欲の発生の邪魔をしているものを取り除くお手伝いをすることと、子どもの意欲が表に出るのを信じて待つことです。

たとえば、子どもがなにかにものすごく疲れていて意欲がでなかったとします。それならば、その原因を取り除くお手伝いをすることになります。疲れている原因が取り除かれると、子どもたちのなかに「この仕事をしたい」と思う気持ちが自然とわいてきます。また、子どもは「やりたい」と思っているけれども、それをだすことをためらっていたとします。それならば、子どもとしっかり向き合って作業をします。主任との関係ができてくると、子どもは主任に対して、意欲を示すようになるものです。

意欲が表にでにくい子どもの多くは、現在、しんどい思いをしているか、過去に、とてもしんどい思いをしてきています。こうしたしんどい思いを乗り越え、意欲をもつようになるには時間がかかりますので、地道に粘り強く対応することが必要となります。

木工科では、子どもが意欲的に取り組める作業を段取りしていますが、実際に就職すると、やりたい仕事ばかりできるとは限りません。あまりやりたくないけれども、やらなければいけない仕事も存在し、こうした現実に対応する精神的な強さも必要になります。しかし、これは比較的高度な力で、実際に働きながら身につけていく力だといえそうです。働き手として未熟なうちに、やりたくないけれども我慢してやることを繰り返していると、「この仕事をしたい」と思う気持ちに鈍感になるからです。職業準備中の子どもに対しては、意欲的に取り組める作業を提供し、子どもの意欲を正しく方向づけたいものです。

ただし、木工科では、実社会の要素（共同作業、安全第一）を取り入れていますので、すべての「この仕事をしたい」にこたえることはできません。全員が「組み立てしたい」といっても、仕込みをする者、機械加工をする者、研磨をする者、ニスを塗って仕上げる者がいなければ、製品は完成しません。

また、「やりたいこと」と「やれること」は違います。子どもの能力や、職業準備の状況が、やりたいことの水準に達していなければ、いくら子どもが「先生、ルーター加工したいです」と意欲を示したところで、安全性や正確性の観点から「この仕事をお願いします」とは言えません。

このように、子どもの「この仕事をしたい」を支援するためには、いくつか難しい要素がありますので、段取りに時間がかかることもあります。それでも、子どもが意欲をもって作業と向き合っていると、意欲を正しく方向づけることができたような気がして、不思議と「ほっ」としたものです。会社の採用担当者の多くは、「仕事は教えますが、やる気は自分で持ってきてください」とおしゃいます。木工科では、今後も、子どもたちが意欲的に取り組める仕事を段取りすることで、子どもの「この仕事をしたい」と思う気持ちを正しく方向づけしていきたいと考えています。

（二）「与えられた仕事をうまくやりたい」と思う気持ち

私が主任になったばかりのことですが、A君から「糸鋸加工をしてみたい」と思う気持ちを感じましたので、さまざまな製品のなかから、おもちゃのくるまを製作することにしました。段取りの段階では、A君は器用ですし、石田先生がつくった型もあったので、上手くいくだろうと思っていました。

次の日、A君に糸鋸加工を指示すると、「よし。やるぞ」の表情をしていました。作業がはじまると、A君は主任の説明をよく聞き、お手本をよく見ていました。実際にやり始めると、A君は悪戦苦闘しながらも、真剣な表情で取り組んでいました。

全体的にできているのですが、曲線のところの出来は不十分です。A君もそれを感じていましたので、どうすれば上手く出来るか質問に来ました。しかし、このときの私は、A君をうまく導いてあげることができませんでしたので、A君のやる気が少しずつ失われていくのを目の当たりにすることになります。

自分の支援力不足により子どものやる気がなくなっていくと、支援者としては複雑な気持ちになるものです。自分の木材加工に関する知識のなさや技術の未熟さに対する苛立ち、子どもに対する申し訳ない気持ち、さまざまな葛藤がありました。一六時に作業が終わってから、やり方を試したり、前任の石田先生に聞いたり、本で調べたりしました。次の日には、試したことをもとに、子どもに教えることを繰り返してきました。

そんなことに取り組んでいるうちに、子どもの「ここ上手くできないのですが、どうしたらいいですか?」といった質問に、その場でこたえることができるようになっていました。子どもの「与えられた仕事をうまくやりたい」と思う気持ちを正しく方向づけられるようになってきたということです。ただ、このことを実感するまでに、木工科の主任になってから、三年半が経過していました。

家具職人としての腕と、その誠実な人となりを請われて木工科の主任をされた松田先生以外、宮城先生も、石田先生も、そして、私も、近江学園の木工科で、先輩職員のやり方を見て、教えを請い、ときに自分で調べ、木材加工に関する知識や技術を身につけてきました。それは、子どもの意欲や考える力、働く手を育てるための知識や技術になりますから、それらを獲得する努力は今後も続けていかなければならないと思っています。

(三)「就職したい」と思う気持ち

木工科の利用にあたっては、子どもの意思(「木工科で頑張って就職するぞ」と思う気持ち)を確認するようにしていますが、この段階における「就職したい」と思う気持ちは、親や先生にいわれてのことが多く、まだまだ未熟なものです。私たちは、これを三年間かけて、「自分はできるのだ」という自信に裏づけされた気持ちに育てなければなりません。

なお、自信は、自分自身を信じる気持ちで、「もっと自信をもてばいい」と他人に言われてもてるものではなく、成功体験の積み重ねにより育まれるものです。木工科ではこれを、「この仕事をしたい」と思える仕事を段取りし、それがうまくできるよう技術面でサポートすることにより支援をしています。

最初は、「便利台を組み立てることができるようになった」「道具の場所を覚えた」「機械加工などの自信を育み、「体験生に便利台の組み立てをサポートすることができた」「生活班の担当の先をまかされて上手くできた」とその幅をひろげていきます。また、「生活班の担当の先生がほめてくれた」「展示即売会にむけた製品づくりをまかされた」といった子どもの自信につながるような思いを、その意図的なかかわりにより支援することもあります。

最初の一年間は、施設内でじっくりと自信を育み、二年生からは、職場実習をはじめとする施設外の活動を展開させることにより、施設内での自信を、「社会でも自分の力は通用する」にステップアップさせることをイメージしながら支援をしています。


こうした自信を育てながら、木工科全体で目標（就職する）の共有を支援します。そのために、事業所見学は全学年で取り組み、二年生以上を対象とした職場実習の話題は、朝礼や終礼をとおして、一年生にも情報を提供します。また、三年生が就職活動に取り組む姿を意図的に一、二年生に見せることもあります。こうして、子どもたちの育ちあう力に揺さぶりをかけながら、自信に裏づけされた「就職したい」と思う気持ちを熟成させるわけです。

糸賀先生は、「意欲発生のメカニズムを解明しなさい」と当時の職員に指示をだされたそうです。私たちが木工科の実践をとおして把握したことについては以上のとおりですが、まだ全体のメカニズムの解明にはいたっていません。私たちはこれからも糸賀先生の時をこえた指示に対し、誠実に対応していきたいと考えています。

三　精神的エネルギー（精神力）

精神的エネルギーは、持っている力を発揮するための原動力、つまり、燃料のようなものです。これがなくなると、生活力、社会性、仕事力、自己統制力において優れた力をもっていたとしても、それらを発揮することができません。

私たちは、ここでいう精神的エネルギーを使って、価値あるものを生み出します。それらは市場で取引され、労働者は、その対価をえます。良質なエネルギーと、優れた能力によって生み出された価値は、高値で取引され、精神的エネルギーを使わないところからは、価値あるものは何も生まれません。

筋力アップのためには、筋肉に負荷をかけて、回復させることを繰り返しますが、精神力を鍛えるのもこれと同じになるかと思います。つまり、精神的エネルギーを使い、それを回復させることを繰り返すわけです。木工科では、このことにより、良質で豊富なエネルギーをもつ、文字通り、器の大きい人間を育てたいと考えています。

（二）　精神的なエネルギーを使うことを支援する。

私たちは、ここでいう精神的エネルギーを使いながら、日々の生活をおくっています。朝起きて、ご飯を食べる。身支度を整える。電車に乗って通勤する。仕事をする。休みの日に、サッカークラブの練習に参加する。ドライブに行く。買い物に行く。子どもと遊ぶなどに、私たちは、精神的エネルギーを使いますが、その消費量は、何をするかによってことなります。

趣味でウォーキングするのと、家事をこなすのとでは、疲れ方が違いますし、同じことをするにしても、プライベートと、仕事とではエネルギーの消費量はことなります。プライベートでは、自分のタイミングで、自分のやりよいようにできますが、仕事ではそうはいきません。仕事には「やらなければならない」責任感、「失敗は許されない」プレッシャー、「うまくできるだろうか」と思う気持ち（不安）などがあります。社会にでて働くもとになる力としての精神力を育てようと思うのであれば、こうした心理的葛藤に対応した力を育てたいものです。

木工科のモノづくりは、売ることを目的とした製品づくりです。主任は、「お金を出して買いたい」と思ってもらえるモノづくりを目指し、その思いを子どもたちと共有することを指導の目標にしてきました。こうした環境のなかでモノづくりに取り組んだ子どもたちは、二年生、三年生になると、自分の工程だけでなく、他の工程を気にするようになります。彼らは、後ろの工程を担当する先輩に、文句をいわれない仕事を目指し、前工程のつたない仕事を指摘するようになります。これは、木工科の子どもたちが知らず知らずのうちに引き継いでいる伝統ですが、これがお互いの仕事のあら探しになっては困ります。主任はそこを上手く調整しながら、子どもたちが適度な責任感や緊張感をもって作業に取り組めるように支援したいものです。

こうしてできた製品は、近江学園内のギャラリーにて展示即売し、年に一度、展示即売会を行います。このときの販売価格は、市場価格より安価に設定していますが、使い勝手の悪いもの、デザインの悪いもの、ニスムラがあるもの、つくりが荒いものなどは、情け容赦なく売れ残ります。そんな厳しい現実を子どもと共有することは、子どもたちが、適度なプレッシャーを感じながら作業に取り組むためにも必要になってくると考えています。

（二）　子どもの様子を把握する。

人間的な器を大きくするためとはいえ、私たちは、子どもたちに精神的なエネルギーを意図的に使わせることになりますので、どういう教材を用いて、何に使わせるか、その効果については慎重でなければなりません。そのためにも、子どもの様子をよく見ながら、子どもの器の大きさ、エネルギーの状態を、その表情や言動から把握することが大切になってきます。

子どもの精神的なエネルギーが少なくなってきた、つまり、疲れを評価するポイントはいくつかあります。まず、疲れると表情が悪くなります。無表情になったり、イライラした感じになったり、かわったところでは、ニヤニヤする子どももいました。精神状態が安定しているときは、ひきしまったよい表情をしていますが、その表情が崩れてきたら、気をつけてみてあげなければなりません。

また、集中力が途切れることが多くなり、途切れた集中を立て直すまでに時間がかかります。仕事をする手をとめて呆然としていたり、トイレに行って、一〇分、一五分と戻ってこなかったり、座ったまま寝ていたり、おしゃべりをしたり、立ち歩いたりするようになります。こうして集中が途切れるというのは、やはり疲れはじめたときでもあるのです。

同じ仕事をしていても、精神的なエネルギーの消費の度合いはことなりますし、疲れたときのサインも子どもによって違います。主任は、子どもの状態をみながら、個別に対応をしていかなければなりません。

(三)　生活場面で回復を支援する。

私たちは、精神的エネルギーを使って活動した後は、それを回復させなければなりません。通常、家がその役割を担いますが、近江学園の子どもの場合は、生活班がその役割を担うことになります。

朝、笑顔で「おはよう」と職員と挨拶をかわすこと。決まった時間に温かい朝食が準備されていること。学校に行くときは「いってらっしゃい」と声をかけてもらえること。帰ると、「ただいま」と迎えられること。学校や作業であったいろんな話を聞いてもらえること。生活する空間は整理整頓され、掃除が行き届いていること。余暇を楽しむこと。おいしい夕食を満喫すること。ゆっくりお風呂に入ること。きれいに洗濯されたパジャマをきて、温かい布団で寝ること。こうした生活班で行っている毎日の支援は、子どもたちの疲れを癒し、明日への英気を養うものです。

そのために、炊事の調理師は、時間ぎりぎりまで食缶をあたため、子どもたちにつくりたての温かい食事を提供し、医局の看護師は、児童の健康状態をチェックし、異常があれば速やかに対応します。庶務の職員は、水道管の破裂、網戸が破れる、結露のためのカビの発生など、生活棟のトラブルにすばやく対応します。そして、児童と生活を共にする指導グループの職員は、「児童ケア」と同じぐらい「生活の仕事」を大切にし、快適な住環境を保つことをこころがけます。私たちは、こうしたことをとおして、子どもたちに豊かな生活を提供し、疲労回復にむけた支援をしています。

(四) 木工科で回復を支援する。

木工科の活動が終わると、子どもも主任も「ふぅ。疲れたぁ」となります。うまくいったときは、心地よい疲れを感じ、うまくいかなかったときは、ぐったりした疲れを感じるものです。これは、私たちが、責任感や緊張感、不安感といった心理的葛藤を抱えながら、仕事力をはじめとするいろんなことに精神的エネルギーを使うからだと考えられます。

ここで考えたいことは、私たちの使った精神的エネルギーはどこにいってしまったのかということです。

物理学の法則に、エネルギー保存の法則（孤立系の中にあるエネルギーの総量は変化しない）というものがありますが、これは、木工科のモノづくりのエネルギーサイクルにもあてはまると考えています（図2）。つまり、私たちがモノづくりに費やした精神的エネルギーは、消えたのではなく、手がけた製品（価値あるもの）に転換されたにすぎません。それゆえ、価値あるものは、輝きをはなち、働き手に充実感、達成感を感じさせ、それを見た人を感動させることができるわけです。木工科では、作業が終わった後の充実感、達成感を子どもと大人で共感することを大切にしているのは、私たちが生み出した価値からより多くのエネルギーを取り入れ、精神的なエネルギーの回復を支援するためでもあるのです。

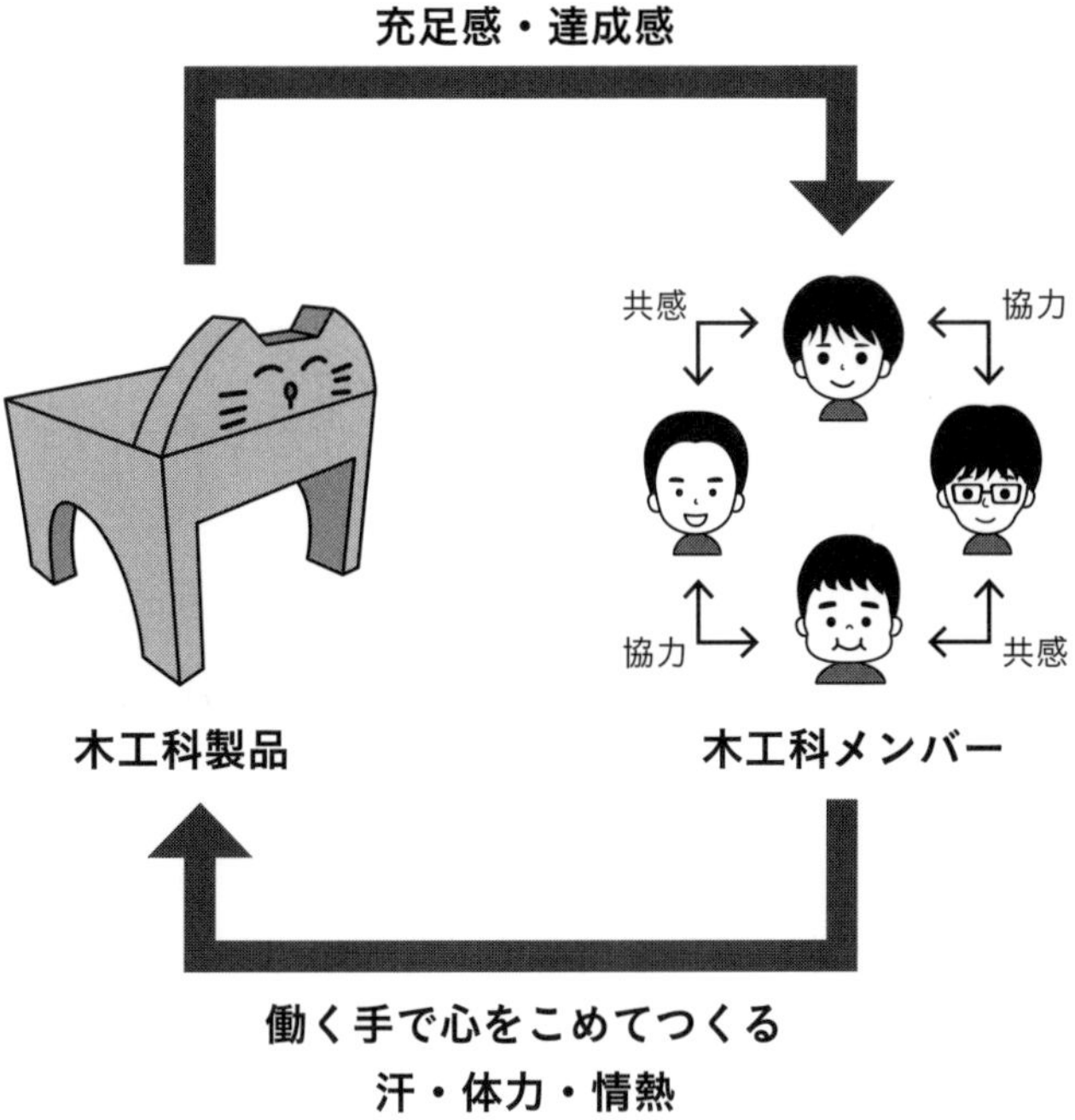

図２　モノづくりにおけるエネルギー保存の法則

おわりに

平成一五年四月。当時、木工科の主任をされていた石田輝彦先生が「吉田先生、いっしょに木工科をやろう」とおっしゃってくださいました。私は「不器用ですが、頑張ります」とこたえたと記憶しています。檜と松の区別すらつかなかった私でしたが、石田先生のもとで木材加工の基礎について学び、木を使ったモノづくりの奥深さを知りました。平成一七年四月に異動した滋賀県立草津高等技術専門校では、同じく異動された宮城多男由先生のもとで、知的障害を持つ人の就労支援について学び、職業人として誠実であることの大切さを改めて知りました。

平成一九年四月に近江学園に異動した私は、平成二〇年四月より木工科主任をまかされます。試行錯誤が続きましたが、木工科の取り組みに手ごたえを感じ始め、木工科の段取りと実践をとおして考えたこと、感じたことをまとめてみたいと思うようになりました。そして、平成二三年二月。久しぶりに出会った知人と近況を報告しあうなかで、「あなたの取り組んでいる職業準備支援についてもっと知りたい」との話をいただいたことが、本書を出版しようと思ったきっかけとなりました。

仕事と子育てを両立させながら、本を書くというのは、思った以上に大変な作業でした。仕事と子育て、そして、私自身の食事や睡眠を除くと、執筆にかけることができる時間はわずかにしか残りません。また、執筆している間にも、私のまわりでは、公私ともにいろんなことがありました。長男がアトピー性皮膚炎を患ったこと。第二子が誕生したこと。私自身が体調を崩し、食事と睡眠の大切さを再確認したこと。仕事の内容が、軽度の知的障害をもつ人の職業準備支援（木工科担当）から、重度の知的障害をもつ人たちの生活支援にかかわったこと。父が亡くなったこと。さまざまなことがありましたが、なんとかここまでやってくることができました。本書を出版するにあたって、支援くださったすべての方に感謝します。ありがとうございました。

著者略歴

吉田　巧（よしだ・たくみ）

昭和四九年、奈良県奈良市に生まれる。平成六年四月都留文科大学文学部に入学。初等教育学科心理コースで発達心理学を専攻する。大学卒業後、情報通信系企業の営業職として、マンションインターネットシステムの販売に従事し、平成一三年五月に退職。

平成一三年六月、滋賀県の児童指導員に採用され、滋賀県立近江学園でそのキャリアをスタートさせる。その後、近江学園の木工科副主任、滋賀県立草津高等技術専門校の指導員として、知的障害をもつ人の就労支援に携わり、平成二〇年～二四年にかけて、近江学園の木工科主任として、職業準備支援に従事する。

段取《だんど》り八分《はちぶ》
近江学園木工科における職業準備支援
平成二八年五月二〇日　初版発行
著　者　吉田　巧
発行者　岩根順子
発行所　サンライズ出版株式会社
滋賀県彦根市鳥居本町六五五—一
〒五二二—〇〇〇四
TEL〇七四九—二二—〇六二七
印刷・製本　シナノパブリッシングプレス

ISBN978-4-88325-593-1

好　評　発　売　中

みんなちがってみな同じ
―社会福祉の礎を築いた人たち―

滋賀県社会福祉協議会 編

本体1,500円＋税

ISBN978-4-88325-261-9

　戦後復興期、滋賀県に芽生えた福祉の芽は、常に社会制度と人々の理解高揚の闘いであった。近江学園の創設をはじめ、日本の新しい福祉を築いてきた７人（糸賀一雄／池田太郎／田村一二／岡崎英彦／守田厚子／長尾寿賀夫／鎌田昭二郎）を紹介。

滋賀の福祉を考える
―歴史と実践のなかから―

「滋賀の福祉を考える」編集委員会 編

本体 1,200円＋税

ISBN978-4-88325-343-2

　近江学園やびわこ学園の設立とその実践、「障害児の早期発見・早期対応」のための乳幼児検診システムの確立、福祉圏構想に基づくサービス提供体制の充実など、多くの先駆的な取り組みが図られてきた滋賀県の福祉の軌跡をふりかえる。